Arbeitsblätter

Stephanie Rosentreter

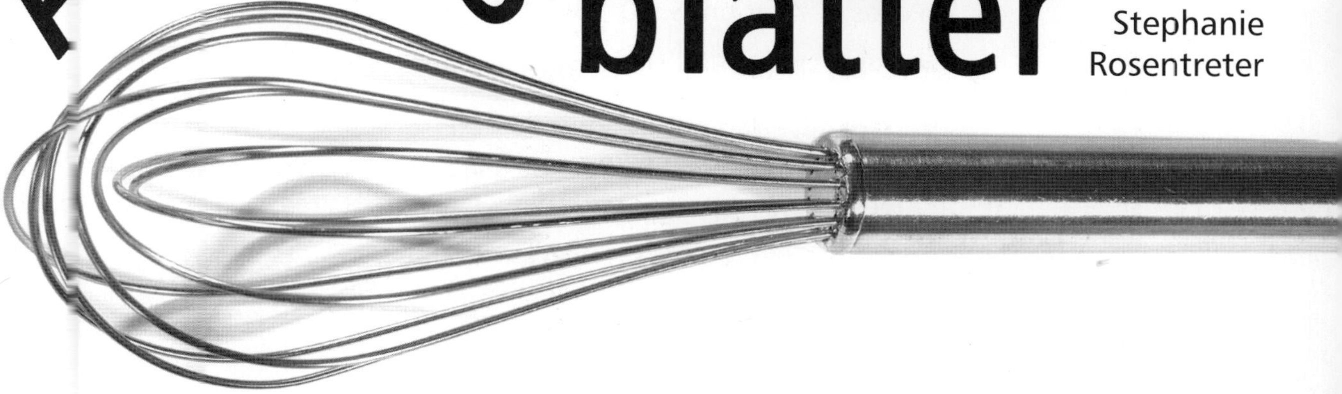

Aufbauwissen Hauswirtschaft

Verlag an der Ruhr

Impressum

Titel: **Arbeitsblätter Aufbauwissen Hauswirtschaft**

Autorin: Stephanie Rosentreter

Illustrationen: Astrid Wilkesmann

Fotos: Autorin: S. 10, 15, 27, 43, 49, 121

Druck: Druckerei Uwe Nolte, Iserlohn

Verlag: Verlag an der Ruhr
Alexanderstraße 54 – 45472 Mülheim an der Ruhr
Postfach 10 22 51 – 45422 Mülheim an der Ruhr
Tel.: 0208/439 54 50 – Fax: 0208/439 54 239
E-Mail: info@verlagruhr.de
www.verlagruhr.de

ISBN 978-3-8346-0451-4

geeignet für die Altersstufe 9 10 11 12 13 14 15

Gedruckt auf chlorfrei gebleichtes Papier.

Die Schreibweise der Texte folgt der neuesten Fassung der Rechtschreibregeln – gültig seit August 2006.

ÖKOPROFIT® Mülheim an der Ruhr 2007/2008

Wir sind seit 2008 ein ÖKOPROFIT®-Betrieb und setzen uns damit aktiv für den Umweltschutz ein. Das ÖKOPROFIT®-Projekt unterstützt Betriebe dabei, die Umwelt durch nachhaltiges Wirtschaften zu entlasten.

Inhaltsverzeichnis

Vorwort

Liebe Kollegen*,

„Was kochen wir heute?" Diese Frage von Schülern hat sicherlich jeder Hauswirtschaftslehrer schon einmal gehört. Auch ich bekomme sie regelmäßig im Unterricht gestellt. Die Frage hat mich allerdings schon immer geärgert! Denn hier wird das Vorurteil bedient, dass Hauswirtschaftsunterricht eigentlich „nur" Kochunterricht ist. Auch wenn es auf den ersten Blick vielleicht so scheint, so ist **Hauswirtschaft vielmehr als „nur" Kochen**. Wer sich **gesund und ausgewogen ernähren** will, muss z.B. auch etwas über Lebensmittel und bestimmte Zubereitungsweisen wissen. Hier sind also Kenntnisse gefragt, die über bloße Kochkunst und ein wenig Grundwissen im Bereich Hauswirtschaft hinausgehen. „Das klingt jetzt aber nach grauer Theorie", werden Sie (und vielleicht erst recht Ihre Schüler) sagen; aber auch das ist ein Vorurteil. Sicher ist es im Unterricht oft so, dass die ungeliebte Theorie (vielleicht aus organisatorischen Gründen) stattfinden muss und dann auch schnell zur „Terrorie" (für Schüler und Lehrer gleichermaßen) wird. Aber das muss nicht so sein! Mit den erprobten Methoden und Materialien aus diesem Band – das kann ich Ihnen aus meiner eigenen Erfahrung versichern – **kann Theorie auch Spaß machen**, und zwar beiden Seiten!

Um einen an den Interessen von Jugendlichen orientierten und lebensnahen Unterricht zu verwirklichen, habe ich früh angefangen, entsprechende Materialien zusammenzustellen. So sind die **„Arbeitsblätter Grundwissen Hauswirtschaft"** (Verlag an der Ruhr, 2007, ISBN 978-3-8346-0235-0) und auch dieser Fortsetzungsband, die **„Arbeitsblätter Aufbauwissen Hauswirtschaft"** entstanden. Dieser **Erweiterungskurs** in Hauswirtschaft deckt in **13 Lerneinheiten** wichtige Lernbereiche, z.B. Arbeitsplatzgestaltung, sachgerechte Gerätenutzung oder ausgewogene Ernährung, ab.

Der Band knüpft inhaltlich und methodisch an den Titel „Arbeitsblätter Grundwissen Hauswirtschaft" an, kann aber auch eigenständig benutzt werden, wenn grundlegende Hauswirtschaftskenntnisse bei Ihren Schülern bereits vorhanden sind.

Jede Lerneinheit ist für die Dauer von ca. 2 Stunden angelegt und enthält **didaktisch-methodische Vorschläge** für die Durchführung des Unterrichts. So können Sie direkt loslegen.
Die einzelnen Lerneinheiten selbst bestehen aus kopierfähigen **Arbeitsblättern**, mit denen sich die Schüler die Inhalte selbstständig und gleichzeitig spielerisch erarbeiten können.
Der **Lösungsteil** am Ende ermöglicht die Selbstkontrolle.

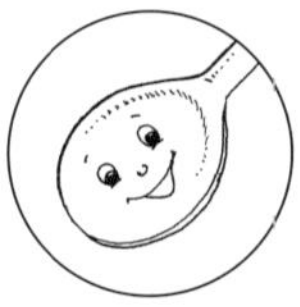

Zum Abschluss einer jeden Lerneinheit finden Sie eine **Rezept-Idee** für die Nahrungszubereitung, mit der wichtige Kompetenzen geschult und zuvor erworbenes Wissen wiederholend geübt, vertieft oder gefestigt werden. Die Rezepte sind jeweils für vier Personen bemessen. Für die erfolgreiche Rezeptzubereitung sollten jedoch Grundkenntnisse in der Hauswirtschaft möglichst vorhanden sein.

Den Abschluss des Kurses bildet die Einheit **„Bist du ein Küchenprofi?"**, in der die Schüler ihre erweiterten Kenntnisse überprüfen und unter Beweis stellen können.

Viel Spaß beim Lernen, Kochen und der (hoffentlich nicht nur grauen) Theorie wünscht

Stephanie Rosentreter

* Aus Gründen der besseren Lesbarkeit haben wir in diesem Buch durchgehend die männliche Form verwendet. Natürlich sind damit auch immer Frauen und Mädchen gemeint, also Lehrerinnen, Schülerinnen etc.

Arbeitsplatzgestaltung

Kapitel 1

Zeitbedarf

2 Unterrichtsstunden

Lernziele

- Die Schüler legen eine Hauswirtschaftsmappe an, in der sie ihre Arbeitsergebnisse abheften und dokumentieren können.
- Sie benennen allgemeine Regeln zur Arbeitsplatzgestaltung und wenden sie in der Nahrungszubereitung an.
- Sie verstehen sich als Team und erledigen (ihre) Aufgaben verantwortungsbewusst.
- Sie richten ihren Arbeitsplatz in der Küche sinnvoll ein.

Kopiervorlagen:

- Inhaltsverzeichnis: Meine Hauswirtschaftsmappe (S. 8)
- Infoblatt: Bewertung der Hauswirtschaftsmappe (S. 9)
- Arbeitsblatt: Arbeitsorganisation in der Schulküche (S. 10)
- Rezept-Idee: Rohkostteller mit Quarkdip (S. 13)
- Rezept-Idee: Gemischter Salat mit Jogurt-Dressing (S. 14)

Hinweise

Einstieg

Zunächst werden **organisatorische Dinge** für die folgenden Lerneinheiten des Hauswirtschaftkurses besprochen. Die Ergebnisse des Kurses sollen durch eine **Hauswirtschaftsmappe**, die die Jugendlichen selbstständig führen, dokumentiert und aufbewahrt werden. Parallel dazu lassen sich z.B. im Kunstunterricht Deckblätter für die Mappe gestalten.
Verteilen Sie zunächst das **Inhaltsverzeichnis „Meine Hauswirtschaftsmappe"**, und besprechen Sie es mit den Schülern: In der ersten Spalte wird das Datum eingetragen, in die zweite Spalte das Thema des Arbeitsblattes oder der Lerneinheit und in die dritte Spalte die Seitenzahl. Erklären Sie nun die Anforderungen der Mappenführung wie Vollständigkeit, Ordentlichkeit und Sauberkeit.

Erarbeitung & Festigung

Anschließend können Sie das Infoblatt **„Bewertung der Hauswirtschaftsmappe"** austeilen und erläutern. Den Schülern werden so die Bewertungskriterien transparent gemacht, und sie selbst können zu einem späteren Zeitpunkt darüber reflektieren, ob die Mappe korrekt geführt wurde.

Nachdem die formalen Anforderungen an die Hauswirtschaftsmappe geklärt wurden, wird das Fallbeispiel vom Arbeitsblatt **„Arbeitsorganisation in der Schulküche"** gemeinsam gelesen. Die Schüler sollen Textstellen markieren, an denen die im Text beschriebene Gruppe ihren Arbeitsplatz nicht sinnvoll gestaltet hat. Konkrete Verbesserungsvorschläge zur Arbeitsplatzgestaltung werden nun in den Schülergruppen gemeinsam überlegt und verschriftlicht. Der zweite Teil der Erarbeitungsphase (Aufgabe 3 des Arbeitsblattes „Arbeitsorganisation in der Schulküche") erfolgt in Einzelarbeit, da an dieser Stelle die Einrichtung des eigenen Arbeitsplatzes thematisiert wird und die Schüler so die Erkenntnisse aus der Gruppenarbeit durch Anwendung in der Praxis festigen. Die Ergebnisse werden im Lehrer-Schüler-Gespräch besprochen und gesichert.

Nahrungszubereitung

Die Schüler bereiten **Rohkostteller mit Quarkdip** oder **gemischten Salat mit Jogurt-Dressing** zu. Das in der Unterrichtsstunde theoretisch Gelernte wird praktisch angewendet. Die Schüler erledigen hierbei ihre Aufgaben verantwortungsbewusst im Team und richten ihren Arbeitsplatz sinnvoll ein.

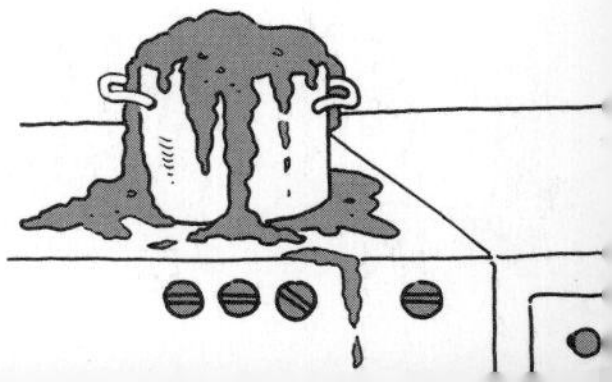

Inhaltsverzeichnis

Datum	Thema	Seite

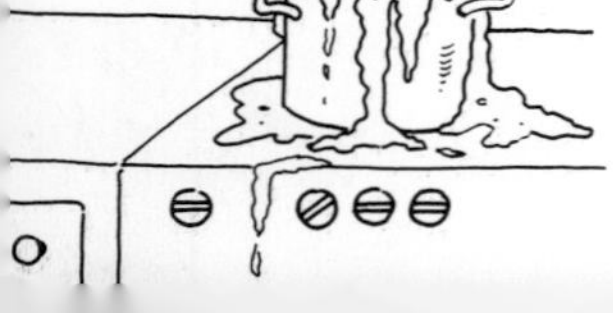

Bewertung der Hauswirtschaftsmappe

Arbeitsplatzgestaltung

Name: ____________ **Klasse:** ________ **Datum:** ____________

Mappe	ja ☺	nein ☹
1. ... hat ein vollständiges Inhaltsverzeichnis.		
2. ... ist in der richtigen Reihenfolge abgeheftet.		
3. ... hat immer Seitenzahlen.		
4. ... ist ordentlich und sauber (Schrift und Gesamteindruck).		
5. ... ist vollständig.		

☐ Du hast deine Mappe sehr gut geführt! Klasse!

☐ Deine Mappe ist gut geführt!

☐ Deine Mappe ist schon recht gut. Es gibt aber noch Sachen, die du verbessern kannst.

☐ Du musst an deiner Mappe noch viele Sachen verbessern.

☐ Deine Mappe ist schlecht geführt. Du solltest dir unbedingt mehr Mühe geben!

Begründung:

____

____

____

____

So kannst du deine Mappe noch verbessern:

____

____

____

____

Datum und Unterschrift des Fachlehrers: ______________________________

Arbeitsorganisation in der Schulküche (1/3)

Arbeitsplatzgestaltung

Die Klasse 8a hat einen Rohkostteller mit Quarkdip zubereitet. Alle Gruppen sitzen schon am Tisch, nur eine Kochkoje arbeitet noch.

Maik: Jetzt mach schon, wir haben Hunger und wollen endlich essen. Alle anderen warten schon auf uns!

Jörg: Ich muss den Quarkdip noch abschmecken. Ich brauche einen kleinen Löffel zum Abschmecken. In der Schublade ist kein Löffel mehr. Was nehme ich bloß?

Kathrin: Du kannst auch keinen Löffel mehr finden, wenn ihr alle Arbeitsgeräte auf der gesamten Arbeitsfläche und in der Spüle verteilt!

Jörg: Warum hilft mir denn niemand? Einer von euch könnte die letzte Möhre schrappen und in kleine Stückchen schneiden.

Markus: Wo ist denn die Möhre? Ich sehe sie nicht!

Annika: Schau, da liegt die Möhre: auf der Arbeitsfläche zwischen dem Bioabfall, leerer Quarkverpackung und benutzten Arbeitsgeräten.

Andreas: Kein Wunder, dass ihr noch nicht fertig seid …

1. **Warum ist die Gruppe noch nicht fertig? Unterstreicht die Stellen im Text, an denen die Gruppe ihren Arbeitsplatz nicht „mit Köpfchen" gestaltet hat.**
2. **Was hätte die Gruppe besser machen können, um sich die Arbeit zu erleichtern? Schreibt eure Vorschläge auf.**

____

____

____

Arbeitsorganisation in der Schulküche (2/3)

Arbeitsplatzgestaltung

3. Für erfolgreiches Arbeiten in eurem Team kommt es auch auf jeden Einzelnen an. Richte daher deinen Arbeitsplatz für das Schälen und Zerkleinern von Gemüse ein.

Beachte dabei folgende Hinweise:

Man unterscheidet zwischen dem **inneren und dem äußeren Greifraum.** In den inneren Greifraum kommen diejenigen Arbeits-geräte und Lebensmittel, die du häufig benutzt. Sie sind bequem mit dem angewinkelten Arm zu erreichen. Utensilien, die nicht so häufig benötigt werden, kommen in den äußeren Greifraum. Sie werden mit dem gestreckten Arm erreicht.

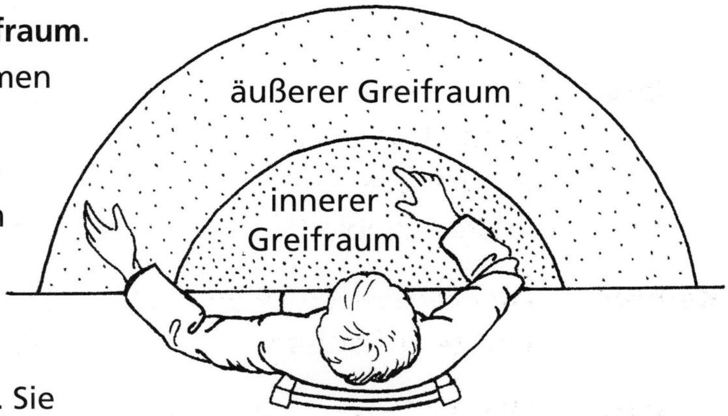

Für einen Zeit und Kraft sparenden Arbeitsablauf sollen sich die Hände und Arme beim Arbeiten **nicht überkreuzen**, damit sie sich nicht gegenseitig behindern!

Bei **Rechtshändern** hält die rechte Hand das Messer zum Zerkleinern. Daher wird das Schneidgut mit der linken Hand gegriffen und steht links. Das Schneidgut wird im inneren Greifraum auf dem Brettchen zerkleinert. Abfälle kommen ganz rechts in die Abfallschüssel. Zerkleinertes Schneidgut wird vom Brettchen direkt auf den mittleren Teller geschoben. Bei **Linkshändern** kann der Arbeitsplatz spiegelverkehrt eingerichtet werden.

Arbeitsorganisation in der Schulküche (3/3)

Arbeitsplatzgestaltung

Jetzt bist du dran: Ich bin ... ☐ Rechtshänder ☐ Linkshänder

4. Nun richte deinen Arbeitsplatz ein, indem du die entsprechende Abbildung (für Rechtshänder oder für Linkshänder) beschriftest. Die folgenden Begriffe helfen dir dabei:

äußerer Greifraum • Abfallschüssel • Teller mit (gewaschenem) Gemüse • Schneidbrett • Teller für geschnittenes Gemüse • innerer Greifraum

1. ______________________________
2. ______________________________
3. ______________________________
4. ______________________________
5. ______________________________
6. ______________________________

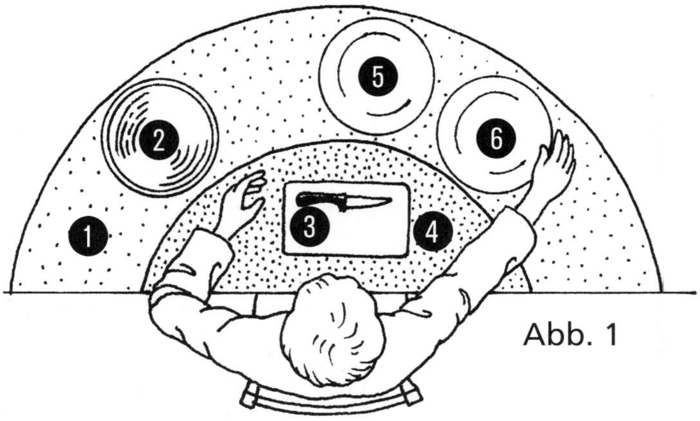

Abb. 1

1. ______________________________
2. ______________________________
3. ______________________________
4. ______________________________
5. ______________________________
6. ______________________________

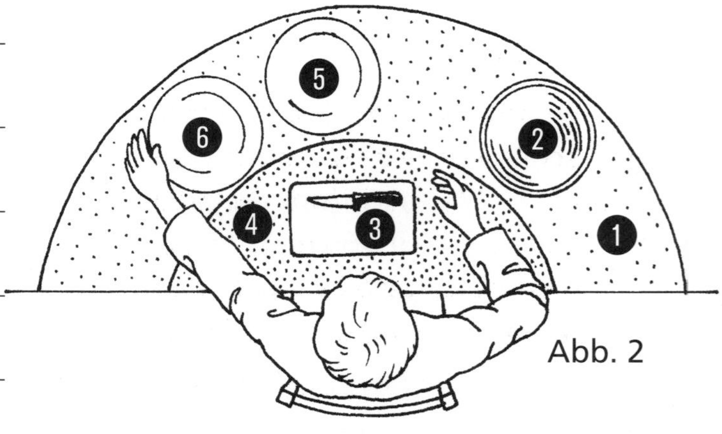

Abb. 2

Rohkostteller mit Qu

Zutaten (für 4 Personen)

4 kleine Möhren
½ Salatgurke
1 Kohlrabi
250 g Sahnequark
evtl. etwas Milch
1 Zwiebel
2–3 Teelöffel Petersilie (tiefgekühlt)
2–3 Teelöffel Schnittlauch (tiefgekühlt)
½ Teelöffel Salz
Pfeffer

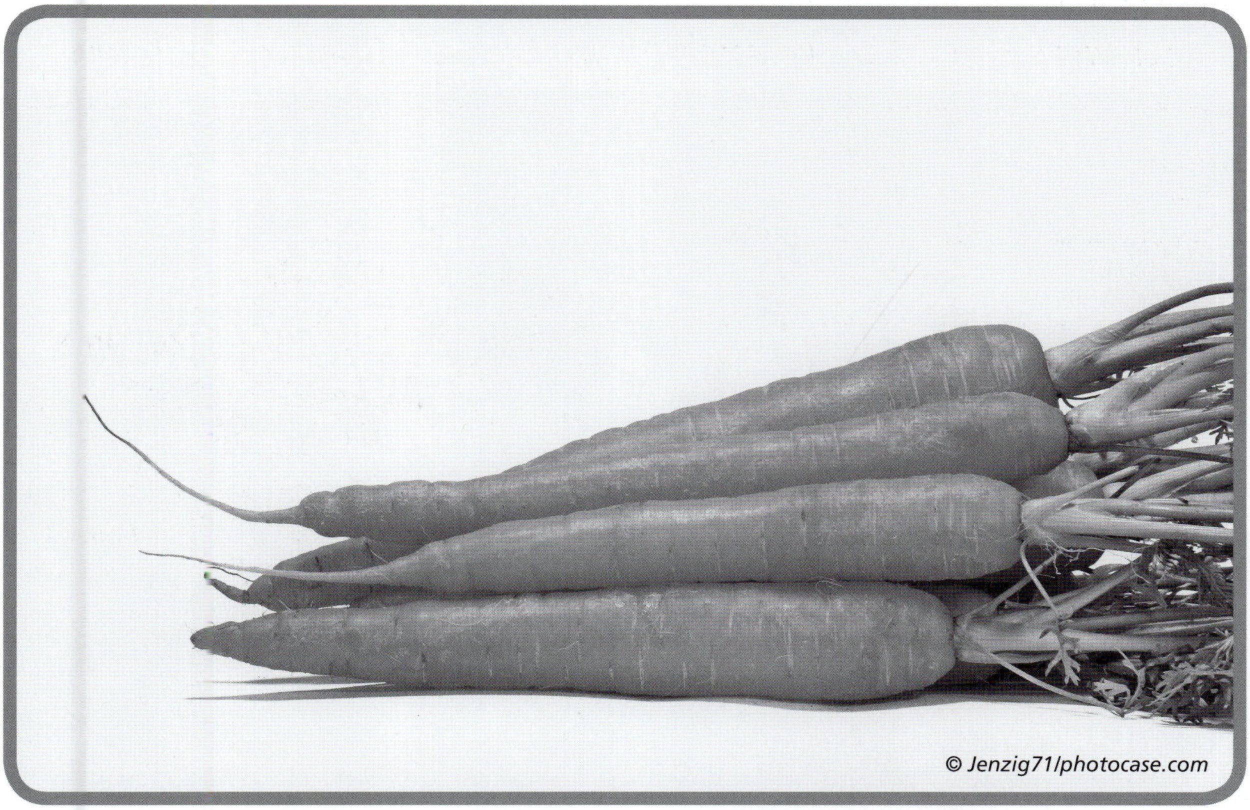

© Jenzig71/photocase.com

Zubereitung

1. Die Möhren und die Gurke waschen, ggf. schälen und in längliche Streifen schneiden. Den Kohlrabi ebenfalls waschen, schälen und in Streifen schneiden. Das gesamte Gemüse auf einem Teller oder einer Platte anrichten.
2. Den Quark in eine Rührschüssel geben. Bei Bedarf mit etwas Milch verdünnen.
3. Die Zwiebel abziehen, in feine Würfel schneiden und zu dem Quark in die Rührschüssel geben.
4. Kräuter und Gewürze zu dem Quark geben und alles gut verrühren. Abschmecken und in einer Schüssel anrichten.

Guten Appetit

© Verlag an der Ruhr • Postfach 10 22 51 • 45422 Mülheim an der Ruhr • www.verlagruhr.de • ISBN 978-3-8346-0451-4

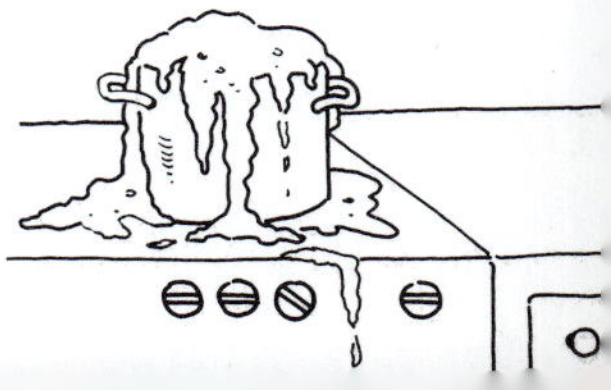

Gemischter Salat mit Jogurt-Dressing

Rezept-Idee

Zutaten (für 4 Personen)

1 kleiner Kopfsalat
4 Tomaten
1 Paprika
½ Gurke
1 kleine Dose Mais
1 kleines Glas grüne Oliven

150 g Jogurt (1 Becher)
1 Teelöffel Öl
1 Esslöffel Essig
2 Prisen *Salz*
Pfeffer
1 Prise Zucker

© iorgos/photocase.com

Zubereitung

1. Vom Salat die äußeren Blätter entfernen; die übrigen Blätter vom Strunk lösen. Den Salat waschen und abtropfen lassen. Die großen Blätter etwas zerkleinern.
2. Die Tomaten waschen und in Stücke schneiden. Die Gurke schälen und ebenfalls in Stücke schneiden.
3. Die Paprika aufschneiden und das Gehäuse entfernen. Die Paprika dann waschen und in Würfel schneiden.
4. Den Mais und die Oliven dazugeben.
5. Für das Dressing werden alle Zutaten verrührt. Der Salat wird dann mit der Soße in einer Schüssel angerichtet.

Guten Appetit

Schau aufs Etikett

Kapitel 2

Zeitbedarf

2 Unterrichtsstunden

Lernziele

- Die Schüler lernen, dass das Lebensmittelrecht bestimmte Angaben auf Lebensmittelverpackungen vorschreibt.
- Sie können diese Angaben benennen.

Kopiervorlagen:

- Arbeitsblatt: Etikett – Visitenkarte der Verpackung (S. 16)
- Rezept-Idee: Bohnensalat mit Käse (S. 18)

Hinweise

Einstieg

Zum Einstieg liegen auf den Tischen der Schüler Lebensmittelverpackungen, die in der Nahrungszubereitung verwendet werden. Benutzen Sie hierbei zunächst die Verpackungen, die später für die Nahrungszubereitung benötigt werden, also: die Dosen mit Bohnen und Mais, die Käseverpackung, die Flaschen mit Essig und Öl, das Senfglas und die Salzpackung. Ergänzen Sie zusätzlich weitere Verpackungen. Wenn Sie möchten, decken Sie zunächst die Verpackungen durch ein Tischtuch o.Ä. ab, um so die Neugier und Motivation der Schüler zu erhöhen. Die Schüler decken die Verpackungen nun auf und stellen Vermutungen bezüglich des Themas der Stunde an.

Erarbeitung & Festigung

Die Erarbeitung führen die Schüler in Gruppenarbeit in den einzelnen Tischgruppen durch. Sie erhalten das Arbeitsblatt **„Etikett – Visitenkarte der Verpackung"**, das sie nun lösen sollen. Die Schüler erarbeiten hierbei die vorgeschriebenen Angaben auf Lebensmittelverpackungen (Lebensmittelkennzeichnung) und verdeutlichen sich dabei die Funktion der einzelnen Angaben. Die Realien aus dem Einstieg werden für die Erarbeitung benötigt.

Anschließend werden die Ergebnisse im gemeinsamen Lehrer-Schüler-Gespräch verglichen, besprochen und diskutiert.

Nahrungszubereitung

Die Schüler bereiten **Bohnensalat mit Käse** zu. Dabei üben sie wiederholend die Einrichtung des Arbeitsplatzes und die verschiedenen Schneidetechniken.

Etikett – Visitenkarte der Verpackung (1/2)

Schau aufs Etikett

1. Schaut euch gemeinsam in eurer Gruppe die Verpackungen an. Das Lebensmittelrecht schreibt bestimmte Angaben (bzw. Kennzeichnungen) auf Lebensmittelverpackungen vor. Könnt ihr herausfinden, welche Angaben bei der Lebensmittelkennzeichnung Pflicht sind?
(Tipp: welche findet ihr auf **allen** Verpackungen)?

- ☐ Preis
- ☐ Rezepte
- ☐ Mindesthaltbarkeitsdatum
- ☐ Strichcode
- ☐ Verkehrsbezeichnung *(genaue Bezeichnung des Produktes)*
- ☐ Zwischenhändler
- ☐ Herstellername
- ☐ genaue Nährstoffangaben
- ☐ namentliche Kennzeichnung von Zusatzstoffen
- ☐ Zutatenliste
- ☐ Mengenangabe

2. Überprüft jetzt eure Ergebnisse aus Aufgabe 1, indem ihr die (angekreuzten) Produktangaben den Textfeldern zuordnet.

a) Ohne mich muss der Verbraucher nach Augenmaß kaufen, denn ich gebe die genaue Menge des Produktes an.

Name: ______________________

b) Ich werde häufig an der Kasse zur Preisermittlung gebraucht. Meine erste Zahl verrät das Herkunftsland des Produktes (z.B. 4 = Deutschland)

Name: ______________________

c) Ich bin dafür verantwortlich, dass sich der Verbraucher beschweren kann, wenn mit dem Produkt etwas nicht in Ordnung ist, denn ich benenne den Hersteller.

Name: ______________________

d) Ich bin dafür verantwortlich, dass der Verbraucher genau weiß, was er kauft, denn ich benenne bzw. bezeichne das Produkt genau.

Name: ______________________

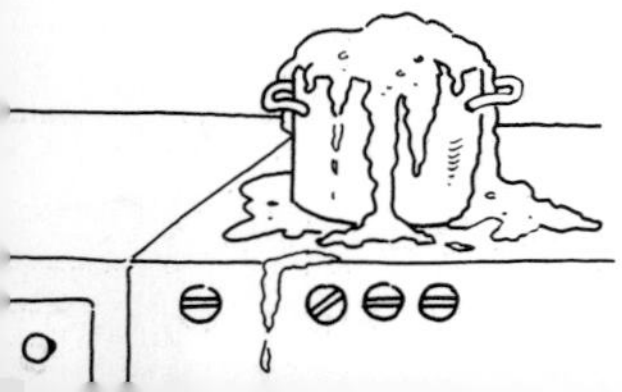

Etikett – Visitenkarte der Verpackung (2/2)

Schau aufs Etikett

e) Ich gebe an, wie lange das Produkt (unter angemessenen Aufbewahrungsbedingungen) seine Eigenschaften behält. D.h. der Verbraucher erfährt, wie lange das Produkt mindestens haltbar ist.

Name: ______________________

f) Ich gebe an, was in dem Produkt „drin" ist. Die Zutat, die gewichtsmäßig am meisten enthalten ist, steht bei mir an erster Stelle. Die Zutat, die nur ganz gering enthalten ist, benenne ich zum Schluss. Aussagen zu den Nährstoffen mache ich allerdings nicht.

Name: ______________________

3. Welche zusätzlichen Angaben machen einige Hersteller freiwillig auf ihren Verpackungen?

____

____

____

____

4. Stimmt eurer Meinung nach folgende Aussage? „Die Lebensmittelkennzeichnung informiert und schützt den Verbraucher!" Erklärt eure Einschätzung.

____

____

____

____

____

____

Bohnensalat mit Käse

Rezept-Idee

Zutaten (für 4 Personen)

4 Esslöffel Pflanzenöl
2 Esslöffel Essig
½ Teelöffel Senf
½ Teelöffel Salz
Pfeffer
1 kleine Dose rote Bohnen
1 kleine Dose Mais
1 kleine Zwiebel
1 rote Paprikaschote
½ Päckchen Fetakäse (ca. 100 g oder ca. 100 g Gouda am Stück)

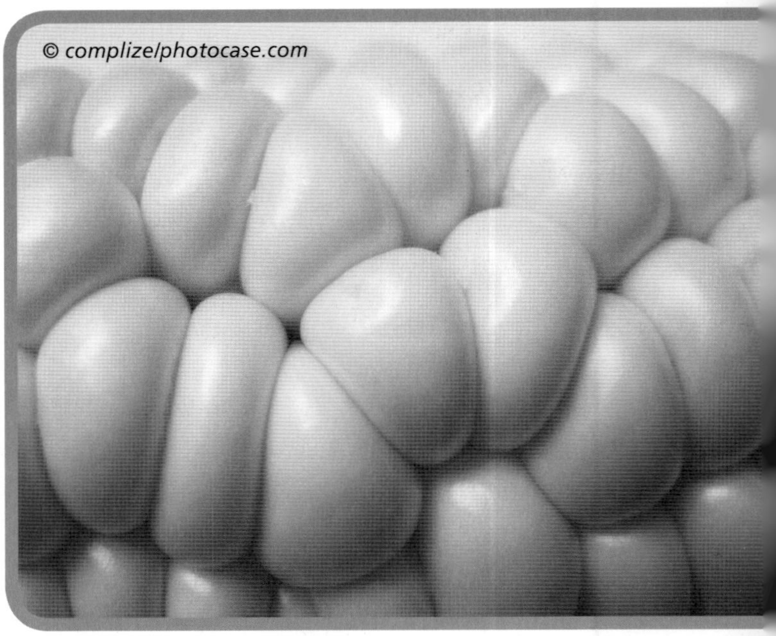

Zubereitung

1. Pflanzenöl, Essig, Senf, Salz und Pfeffer in eine große Schüssel geben und mit dem Schneebesen gut verrühren.
2. Die Bohnen und den Mais in ein Sieb geben, kurz mit Wasser übergießen und abtropfen lassen. Dann zu der Marinade in die Schüssel geben.
3. Die Zwiebel und die Paprikaschote fein würfeln und in die Schüssel geben.
4. Den Käse würfeln und zu den übrigen Zutaten in die Schüssel geben. Die Zutaten vorsichtig verrühren.

Tipp: Mit geröstetem Toastbrot servieren!

Guten Appetit

Ausgewogene Ernährung

Kapitel 3

Zeitbedarf

2 Unterrichtsstunden

Lernziele

- Die Schüler benennen die einzelnen Lebensmittelgruppen des Ernährungskreises (DGE).
- Sie lernen, welche Lebensmittelgruppen sie – im Sinne einer „gesunden“ bzw. ausgewogenen Ernährung – bevorzugt aus dem Ernährungskreis auswählen und welche sie eher meiden sollten.

Kopiervorlagen:

- Folie: „Was soll ich bloß essen?“ (S. 20)
- Arbeitsblatt/Puzzle: Der Ernährungskreis (DGE) (S. 21)
- Arbeitsblatt/Folie (Gruppe 1): Lebensmittelgruppen (S. 22)
- Arbeitsblatt/Folie (Gruppe 2): Lebensmittelgruppen-Zuordnung (S. 23)
- Arbeitsblatt/Folie (Gruppe 3): Ernährungsempfehlungen (S. 24)
- Arbeitsblatt: Welche Lebensmittel wählst du aus? (S. 25)
- Rezept-Idee: Nudeln mit Hackfleischsoße, Kopfsalat mit Jogurt-Dressing (S. 26)

Hinweise

Einstieg

Als Einstieg dient die Folie **„Was soll ich bloß essen?“**. Die Schüler äußern sich zu der Folie. Der Lehrer kann die Überschrift der Folie im Laufe der Diskussion zu der allgemeinen Frage „Was soll man essen, um sich gesund zu ernähren?“ umformulieren. Da die Schüler vermutlich recht allgemeine Äußerungen bezüglich gesunder Ernährung machen, dient zur weiteren Vertiefung das Arbeitsblatt/Puzzle **„Der Ernährungskreis (DGE)“**. Das Arbeitsblatt wird an alle Schüler verteilt und von ihnen in Einzelarbeit bearbeitet. Hierzu legen die Schüler die einzelnen Puzzleteile zum Ernährungskreis zusammen. Eine zeitsparende Alternative besteht darin, das Arbeitsblatt/Puzzle in Gruppenarbeit lösen zu lassen. Im Lehrer-Schüler-Gespräch werden die Ergebnisse gesichert.

Erarbeitung

In der Erarbeitungsphase werden verschiedene Aspekte des Themas „Ausgewogene Ernährung“ in Gruppenarbeit themendifferenziert erarbeitet. Der Lehrer teilt dazu die Arbeitsaufträge an die verschiedenen Gruppen aus. Besonders günstig ist es, die verschiedenen Arbeitsaufträge vorher auf Folie zu kopieren, damit die Schüler in der Auswertungsphase mit Hilfe der Folien ihre Ergebnisse präsentieren können. **Gruppe 1** erarbeitet in der Gruppenarbeit, welche Lebensmittelgruppen zum Ernährungskreis gehören und warum die einzelnen Abschnitte des Ernährungskreises unterschiedlich groß sind. **Gruppe 2** prüft die Rezept-Idee „Nudeln mit Hackfleischsoße“ in Hinblick auf den Ernährungskreis und markiert die Teile des Ernährungskreises, die im Rezept berücksichtigt werden. **Gruppe 3** überlegt, welche Lebensmittelgruppen in Hinblick auf eine gesunde und ausgewogene Ernährung bevorzugt berücksichtigt werden sollten.

Auswertung & Festigung

In der Auswertungsphase präsentieren die Schüler (ggf. mit Hilfe der Folien) ihre Ergebnisse und diskutieren diese. Nach der Präsentation sichern die Schüler die Ergebnisse der einzelnen Gruppen mit Hilfe des Arbeitsblattes **„Welche Lebensmittel wählst du aus?“**

Nahrungszubereitung

Die Schüler bereiten **Nudeln mit Hackfleischsoße** sowie **Salat mit Jogurt-Dressing** zu. Dabei wenden sie ihre zuvor erworbenen Kenntnisse in der Praxis an. Die Rezeptauswahl berücksichtigt (bis auf die Getränke) alle Lebensmittelgruppen des Ernährungskreises. Als Getränk kann z.B. ein Glas Wasser gereicht werden.

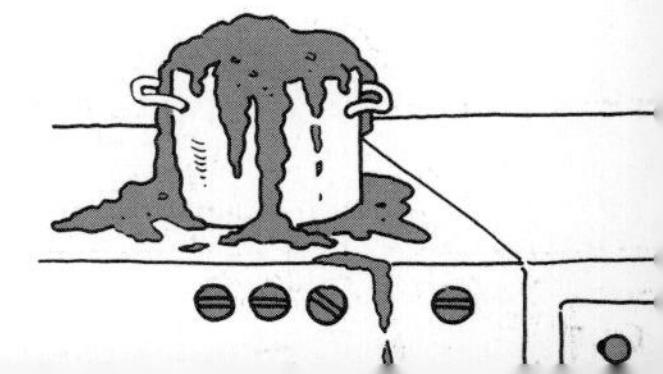

„Was soll ich bloß essen?"

Ausgewogene Ernährung

Der Ernährungskreis (DGE)

Ausgewogene Ernährung

1. **Schneide die Puzzleteile aus.**
2. **Setze die Puzzleteile zusammen, und klebe sie auf.**
3. **Finde eine passende Überschrift.**

Lebensmittelgruppen (Gruppe 1)

Ausgewogene Ernährung

Schaut euch den Ernährungskreis an. Wie heißen die einzelnen Lebensmittelgruppen des Ernährungskreises?

1. Ordnet die Textkärtchen den entsprechenden Feldern des Ernährungskreises zu.

2. Warum haben die Teilstücke des Ernährungskreises unterschiedliche Größen?

3. Stellt eure Ergebnisse euren Mitschülern vor.

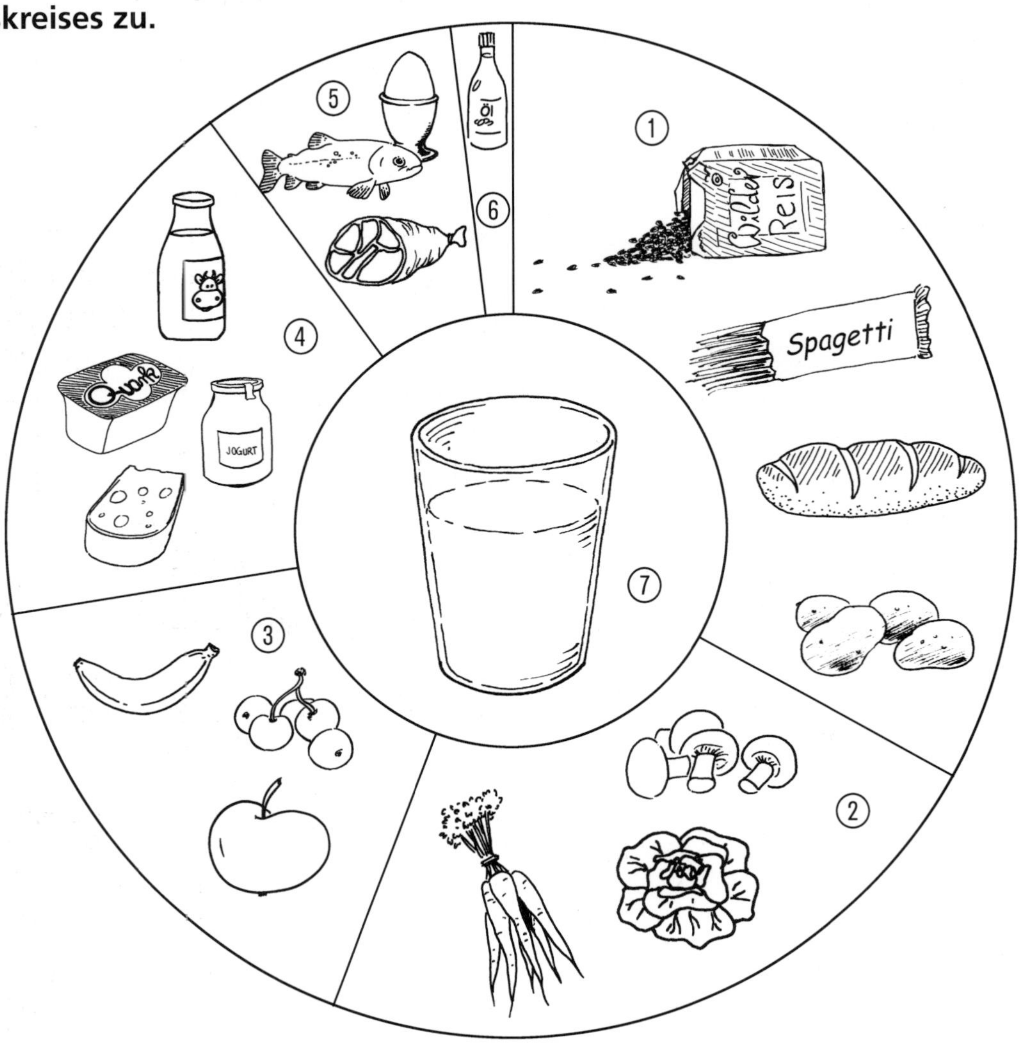

Getreide, Getreide-Erzeugnisse, Kartoffeln	Obst	Fleisch, Wurst, Fisch, Eier	Getränke
Gemüse, Salat	Milch, Milchprodukte	Fette, Öle	

Lebensmittelgruppen-Zuordnung (Gruppe 2)

Schaut euch den Ernährungskreis und das Rezept der heutigen Unterrichtsstunde „Nudeln mit Hackfleischsoße“ an.

1. **Markiert anteilig diejenigen Felder des Ernährungskreises, die im heutigen Rezept berücksichtigt worden sind. Beachtet auch die Mengen im Rezept: Z.B. markiert ihr bei einer kleinen Menge nur einen kleinen Teil des entsprechenden Feldes.**

2. **Welche Lebensmittelgruppen des Ernährungskreises werden bei der heutigen Rezeptauswahl ganz oder sehr vernachlässigt? Überlegt euch, wie die Lücke geschlossen werden kann (z.B. Nachtisch etc.).**

3. **Stellt eure Ergebnisse euren Mitschülern vor.**

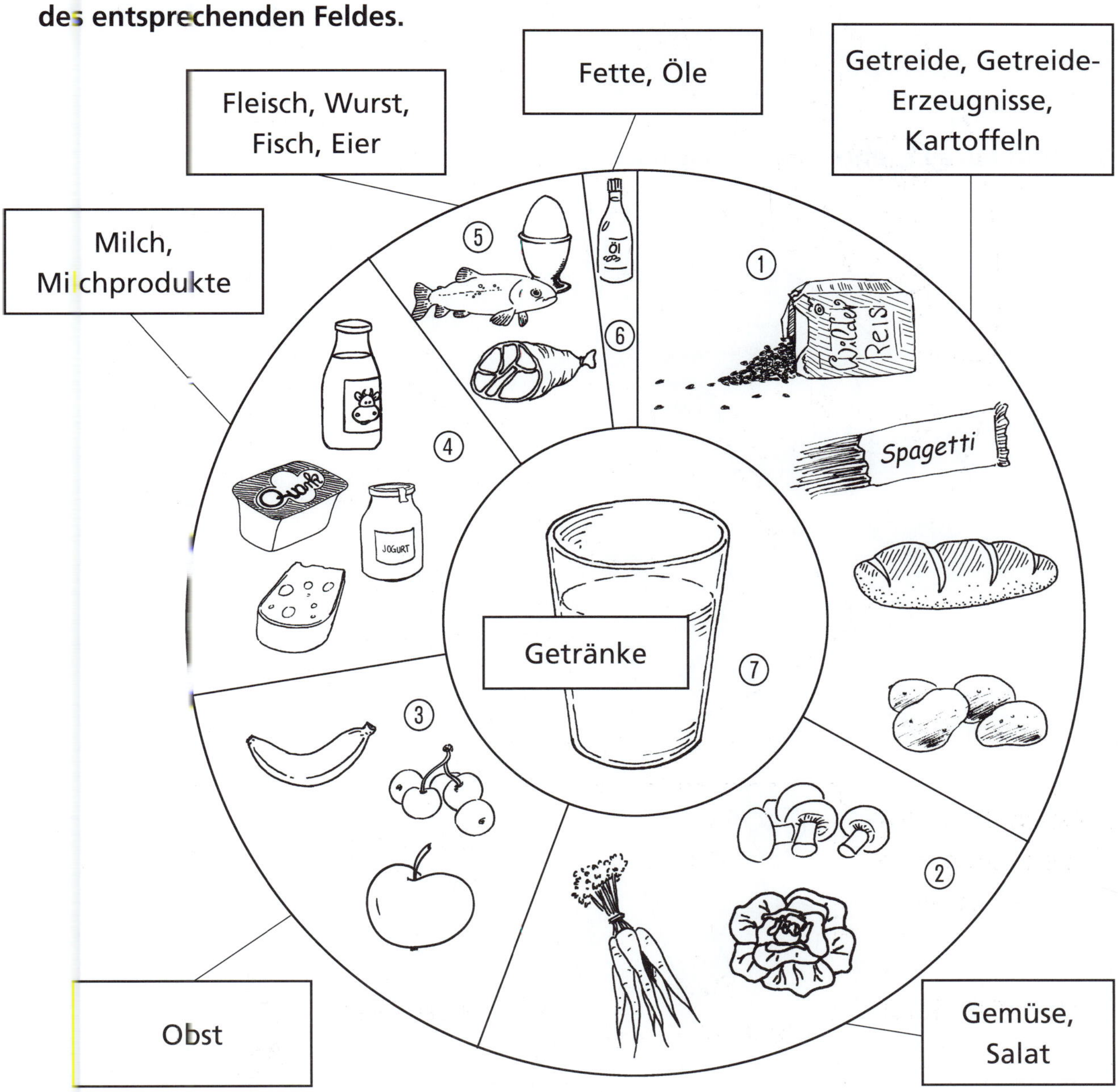

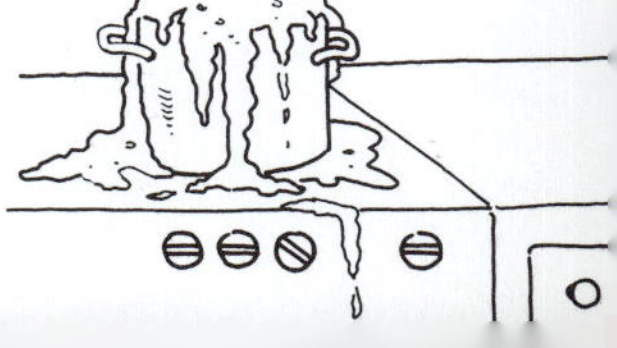

Ernährungsempfehlungen (Gruppe 3)

Ausgewogene Ernährung

Schaut euch den Ernährungskreis an.

1. Welche Lebensmittel sollten wir aus dem Ernährungskreis auswählen? Benutzt dabei z.B. die Wörter „viel“, „sehr viel“, „wenig“ etc.

____

____

____

____

____

2. Stellt eure Ergebnisse euren Mitschülern vor.

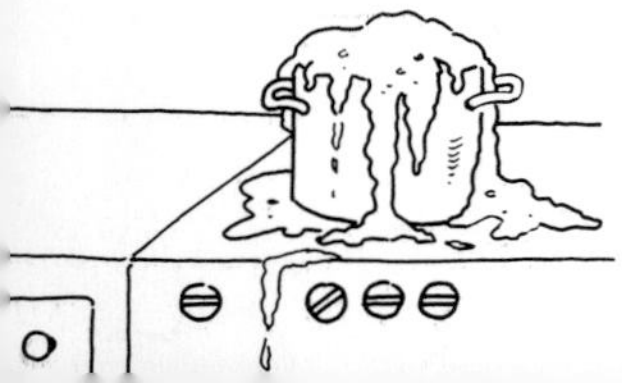

Welche Lebensmittel wählst du aus?

Ausgewogene Ernährung

Die DGE (Deutsche Gesellschaft für Ernährung) wurde 1953 gegründet. Sie unterstützt die ernährungswissenschaftliche Forschung und informiert über neue Erkenntnisse. Auch für Ernährungsberatung und Ernährungsaufklärung ist die DGE Ansprechpartner.

1. Beschrifte die einzelnen Lebensmittelgruppen des Ernährungskreises (DGE).

2. Welche Lebensmittelgruppen sollten bevorzugt aus dem Ernährungskreis ausgewählt werden?

____

3. Welche Lebensmittelgruppen sollte man eher meiden?

____

4. Aus dem Ernährungskreis lassen sich Ernährungsempfehlungen ableiten. Was könnte passieren, wenn wir diese Empfehlungen nicht beachten?

____

____

____

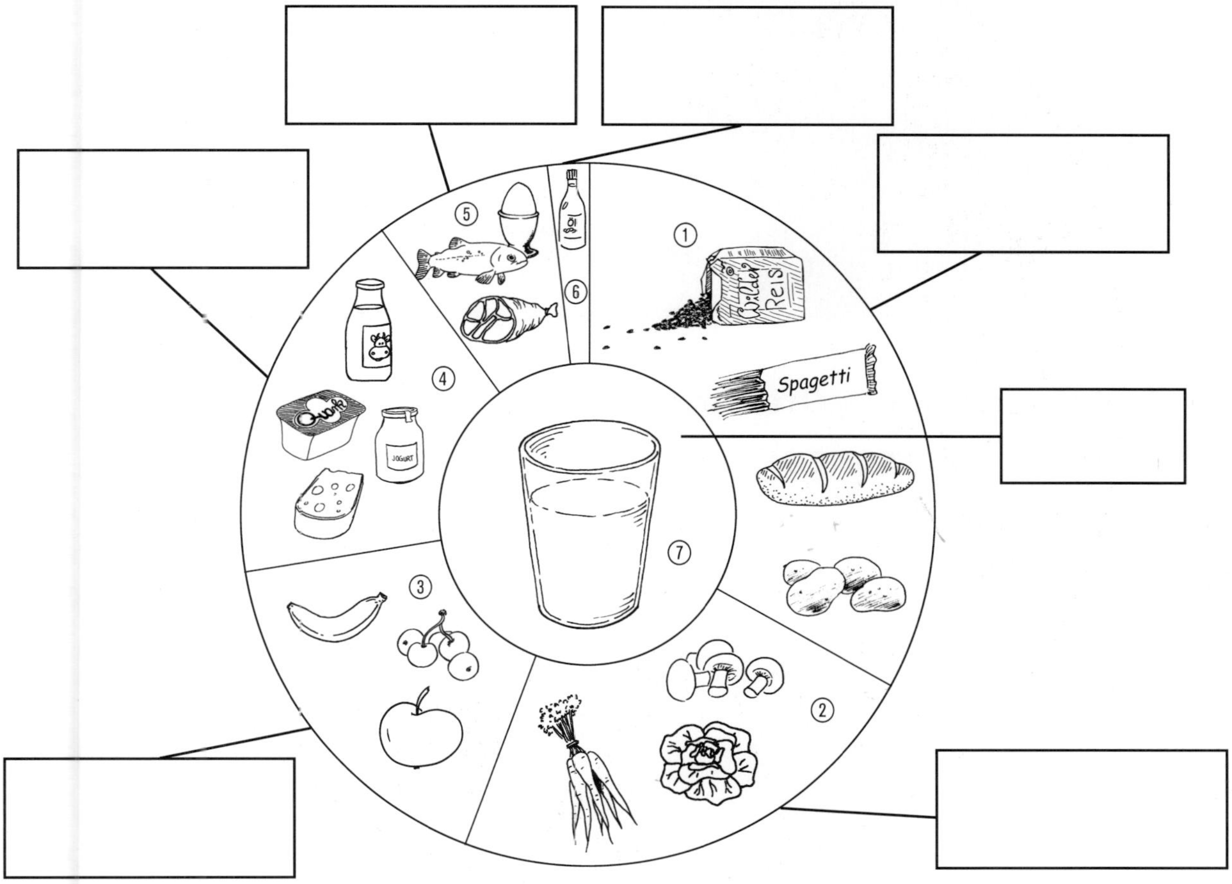

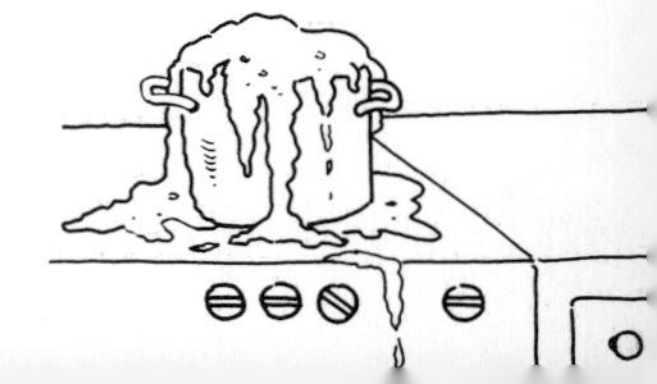

Nudeln mit Hackfleischsoße / Kopfsalat

Rezept-Idee

Nudeln mit Hackfleischsoße

Zutaten (für 4 Personen)

1 Zwiebel

250 g Rindergehacktes

1 Esslöffel Öl

knapp 1 Teelöffel Salz

Pfeffer

Paprikapulver

1 große Dose Tomaten (mit Saft)

2 Esslöffel Tomatenmark

1 Teelöffel Oregano (getrocknet)

250 g Spagetti oder andere Nudeln

Zubereitung

1. Die Zwiebel abziehen und in feine Würfel schneiden.
2. Das Öl in einer Pfanne erhitzen, Hackfleisch dazugeben und krümelig anbraten. Die Zwiebelwürfel zugeben und glasig dünsten. Alles mit den Gewürzen abschmecken.
3. Dann die Tomaten dazugeben. Die Tomaten in der Pfanne zerdrücken. Die Hackfleischsoße bei schwacher Hitze 15–20 Minuten garen.
4. Die Nudeln nach Packungsanweisung zubereiten und mit der Hackfleischsoße servieren.

© Klicker/pixelio.de

Kopfsalat mit Jogurt-Dressing

Zutaten (für 4 Personen)

1 kleiner Kopfsalat /Eisbergsalat

150 g Jogurt (1 Becher)

1 Teelöffel Öl

1 Esslöffel Essig

2 Prisen *Salz*

Pfeffer

1 Prise Zucker

Zubereitung

1. Vom Salat die äußeren Blätter entfernen; die übrigen Blätter vom Strunk lösen. Den Salat waschen und abtropfen lassen. Die großen Blätter etwas zerkleinern.
2. Für das Dressing werden alle Zutaten verrührt. Der Salat wird dann mit der Soße in einer Schüssel angerichtet

Guten Appetit

Fit mit Gemüse

Kapitel 4

Zeitbedarf

2 Unterrichtsstunden

Lernziele

- Die Schüler benennen verschiedene Gemüsesorten sowie die Nährstoffe im Gemüse.
- Sie informieren sich über die Wirkung der Nährstoffe auf unseren Körper.
- Sie lernen, wie bei der küchentechnischen Verarbeitung von Gemüse der Nährstoffgehalt erhalten bleibt.

Kopiervorlagen:

- Arbeitsblatt: Mehr Bock auf Frisches! (S. 28)
- Informationskarten (S. 30) Lebensmittelgruppe Gemüse/Jetzt aber mal konkret! Was ist im Gemüse drin?/ Rettet die Vitamine und Mineralstoffe!/ Gemüse-Einkaufskalender
- Rezept-Idee: Ratatouille (S. 34)

Hinweise

Vorbereitung

Für diese Lerneinheit müssen Sie zunächst etwas Vorarbeit leisten. Kopieren und laminieren Sie die Informationskarten **„Lebensmittelgruppe Gemüse“, „Jetzt aber mal konkret! Was ist im Gemüse drin?“, „Rettet die Vitamine und Mineralstoffe!“** und **„Gemüse-Einkaufskalender“**, und verteilen Sie sie vor Beginn der Stunde in den einzelnen Kochkojen. Außerdem liegt in jeder Gruppe ein „Fühlbeutel“ (dies kann z B. ein alter Kopfkissenbezug sein). In diesen Beutel füllen Sie zuvor verschiedenes Gemüse, z.B. das Gemüse, das in der Nahrungszubereitung verwendet wird.

Erarbeitung & Festigung

Die Erarbeitung des Lerninhaltes wird in Gruppenarbeit in den einzelnen Kochkojen durchgeführt und auf dem Arbeitsblatt **„Mehr Bock auf Frisches!“** schriftlich fixiert.

Die Ergebnisse werden im Lehrer-Schüler-Gespräch verglichen, besprochen und ggf. verbessert.

Nahrungszubereitung

In der Nahrungszubereitung wenden die Schüler ihr zuvor erworbenes Wissen praktisch an. Sie bereiten ein vitamin- und mineralstoffreiches Gericht – **„Ratatouille“** – zu.

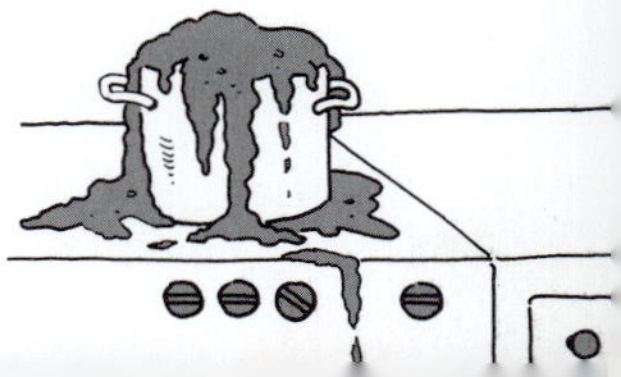

Mehr Bock auf Frisches! (1/2)

Fit mit Gemüse

Geht mit eurer Gruppe in eure Kochkoje, und versammelt euch um die bereit gestellten Materialien. Versucht nun gemeinsam, die Aufgaben zu lösen. Nehmt die Informationskarten zu Hilfe.

1. Erstellt einen Steckbrief über die Lebensmittelgruppe „Gemüse".

a) Name der Lebensmittelgruppe: ______________________

b) Welche konkreten Beispiele fallen euch für diese Lebensmittelgruppe ein? Nennt mindestens fünf Stück.

____

____

c) Gemüse enthält:

- ______________________
- ______________________
- ______________________
- ______________________
- ______________________

d) Besondere Eigenschaften von Gemüse:

- ______________________
- ______________________
- ______________________
- ______________________
- ______________________

2. Greift mit geschlossenen Augen und mit einer Hand in den „Fühlbeutel". Findet nacheinander durch Fühlen und Tasten heraus, welche Gemüsesorten im „Fühlbeutel" sind.

- ______________________
- ______________________
- ______________________
- ______________________

3. Nennt mindestens drei Gemüsesorten, die gerade Saison haben und daher sehr preisgünstig sind. (**Tipp:** Benutzt den Gemüse-Einkaufskalender)

- ______________________
- ______________________
- ______________________
- ______________________

4. Welche Vitamine und Mineralstoffe sind in welchem Gemüse enthalten? Füllt die Tabelle mit Hilfe der Informationskarte „Jetzt aber mal konkret! Was ist im Gemüse drin?“ aus.

Vitamine/Mineralstoffe	**Vorkommen**	**Wirkung**
Vitamin A		
Vitamin B		
Vitamin C		
Vitamin D		
Vitamin K		
Kalium		
Kalzium		
Magnesium		
Eisen		

5. Wisst ihr, wie die Vitamine und Mineralstoffe im Gemüse „gerettet“ werden können?

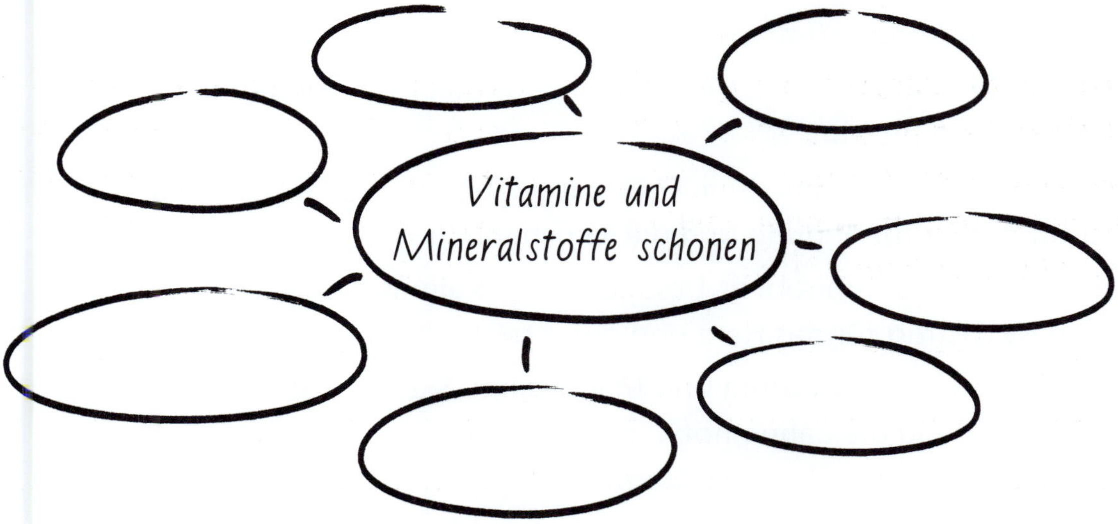

© Verlag an der Ruhr • Postfach 10 22 51 • 45422 Mülheim an der Ruhr • www.verlagruhr.de • ISBN 978-3-8346-0451-4

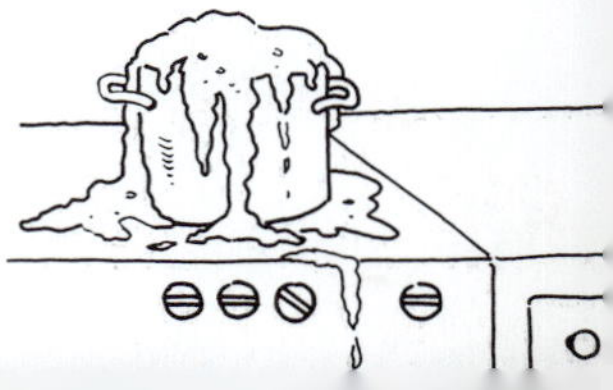

Lebensmittelgruppe „Gemüse"

Gemüse enthält mehr **Vitamine und Mineralstoffe** als jede andere Lebensmittelgruppe. Es besteht meistens zu mehr als 70 % aus **Wasser**. Das ist der Hauptgrund, warum Gemüse so wenig **Energie** hat. Trotzdem macht Gemüse gut satt – das liegt an seinem hohen **Ballaststoffgehalt**. Gemüse ist gut verdaulich. In der **Saison** ist Gemüse sehr preiswert. Frisches Gemüse ist nicht lange lagerfähig, es sei denn, es wird haltbar gemacht, z.B. durch Einfrieren.

Jetzt aber mal konkret! Was ist im Gemüse drin?

Ohne die Aufnahme von Vitaminen und Mineralstoffen könnten wir nicht leben. Deshalb ist es wichtig, immer genug davon zu sich zu nehmen. Wenn man viel Gemüse isst, geht das ganz einfach, denn im Gemüse befinden sich alle nötigen Vitamine und Mineralstoffe. Bei einer Unterversorgung mit Vitaminen und Mineralstoffen kommt es bei uns zu Mangelerscheinungen.

Vitamin A ist z.B. in Tomaten, Karotten und Spinat enthalten. Es ist wichtig für Augen, Haut und Haare.

Vitamin B ist z.B. in Kartoffeln, Brokkoli und Grünkohl enthalten (in Kartoffeln ist übrigens auch Eisen enthalten). U. a. ist die Vitamin-B-Gruppe für die Nerven und den Appetit wichtig. Für den Aufbau des Blutes ist u.a. **Eisen** zuständig. Eisen ist auch in Knoblauch enthalten.

Vitamin C ist in Zwiebeln, Paprika und Rosenkohl zu finden. Es wehrt Krankheiten/Infektionen ab.

Pilze weisen **Vitamin D** auf. Vitamin D ist für den Knochenbau und die Zähne bedeutsam.

Vitamin K lässt sich in Zucchini, Grün- und Blumenkohl nachweisen. Es ist für die Blutgerinnung und die Knochenbildung wichtig.

In Kartoffeln und Kohlrabi ist besonders viel **Kalium** enthalten. Kalium ist wichtig für das Herz und den Kreislauf.

In Spinat finden sich **Kalzium** und **Magnesium**. Sie sind für den Knochenbau und die Zähne notwendig. Magnesium ist auch für die Nerven und Muskeln bedeutsam.

Rettet die Vitamine und Mineralstoffe!

Ihr habt erfahren, dass im Gemüse viele Vitamine und Mineralstoffe enthalten sind. Doch ob Gemüse beim Verzehr wirklich noch einen hohen Vitamin- und Nährstoffgehalt hat, hängt auch davon ab, wie das Gemüse von euch behandelt wird!

Gemüse sollte vorsichtig behandelt und möglichst **frisch zubereitet** werden, um so viele wichtige Inhaltsstoffe zu erhalten. Wird Gemüse kurze Zeit gelagert, sollte dies möglichst **kühl und dunkel** geschehen.

Auch beim Putzen, Schälen und Waschen können dem Gemüse viele Vitamine und Mineralstoffe entzogen werden. Deswegen wird Gemüse **möglichst unzerkleinert** gewaschen und **nicht „gewässert"**, also nicht lange im Wasser liegen gelassen.

Ihr solltet Gemüse immer nur sparsam, d.h. **dünn schälen**. Es wirkt sich günstig auf die Vitamine und Mineralstoffe aus, wenn das Gemüse (z.B. Kartoffeln) **mit der Schale gegart** wird. Gemüse sollte **nicht warm gehalten** werden, da so viele Nährstoffe verloren gehen. Ist das Gemüse mal kalt geworden, wärmt es einfach wieder auf, das ist besser, als das Gemüse lange warm zu halten.

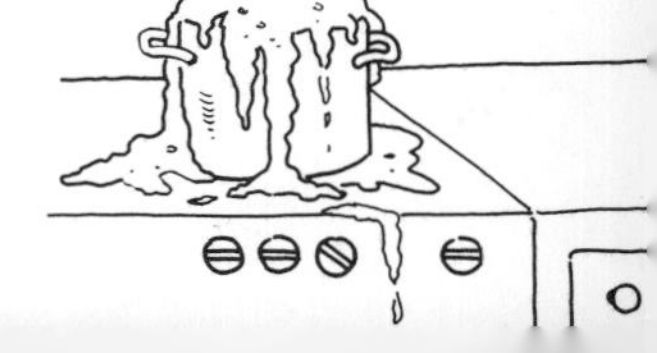

Gemüse-Einkaufskalender

Ihr habt bereits erfahren, dass Gemüse, das gerade Saison hat, häufig sehr preiswert ist. Umgekehrt gilt natürlich auch, dass Gemüse, welches keine Saison hat, sehr teuer ist. Daher ist es ratsam, dass ihr vor dem Einkauf genau überlegt, **welches Gemüse gerade Saison hat**. Das schont nicht nur den Geldbeutel, sondern auch das Klima, denn Gemüse, das hier keine Saison hat, muss importiert werden. Dazu muss es lange mit dem Flugzeug transportiert werden; und das ist nicht gut für das Klima. Damit ihr immer wisst, welches Gemüse ihr zu welcher Zeit essen solltet, hilft euch der **Gemüse-Einkaufskalender**.

Gemüse	**Jan.**	**Febr.**	**März**	**April**	**Mai**	**Juni**	**Juli**	**Aug.**	**Sept.**	**Okt.**	**Nov.**	**Dez.**
Artischocken					✓				✓	✓		
Auberginen							✓	✓	✓	✓		
Blumenkohl						✓	✓	✓	✓	✓		
Bohnen, grün					✓	✓	✓	✓	✓			
Brokkoli						✓	✓	✓	✓	✓		
Champignons	✓	✓	✓	✓	✓	✓	✓	✓	✓	✓	✓	✓
Chinakohl	✓	✓	✓						✓	✓	✓	✓
Eichblattsalat					✓	✓	✓	✓	✓	✓		
Eisbergsalat					✓	✓	✓	✓	✓	✓		
Endiviensalat									✓	✓	✓	
Erbsen							✓	✓	✓			
Feldsalat	✓	✓							✓	✓	✓	✓
Fenchel								✓	✓	✓	✓	
Frühlingszwiebeln				✓	✓	✓	✓	✓	✓	✓	✓	
Grünkohl	✓	✓									✓	✓
Kartoffeln	✓	✓	✓	✓	✓	✓	✓	✓	✓	✓	✓	✓
Knoblauch	✓	✓	✓	✓	✓	✓	✓	✓	✓	✓	✓	✓

Gemüse	Jan.	Febr.	März	April	Mai	Juni	Juli	Aug.	Sept.	Okt.	Nov.	Dez.
Kohlrabi						✓	✓	✓	✓	✓		
Kopfsalat					✓	✓	✓	✓	✓	✓		
Kürbis								✓	✓	✓	✓	
Lollo Rosso					✓	✓	✓	✓	✓	✓		
Mangold								✓				
Meerrettich									✓	✓	✓	
Möhren	✓	✓	✓	✓	✓	✓	✓	✓	✓	✓	✓	✓
Paprika						✓	✓	✓	✓	✓	✓	
Porree	✓	✓				✓	✓	✓	✓	✓	✓	✓
Radieschen					✓	✓	✓	✓	✓	✓		
Rosenkohl	✓	✓								✓	✓	✓
Rotkohl	✓	✓							✓	✓	✓	✓
Salatgurken	✓	✓	✓	✓	✓	✓	✓	✓	✓	✓	✓	✓
Sellerie						✓	✓	✓	✓	✓	✓	
Spargel				✓	✓	✓						
Spinat				✓	✓	✓	✓	✓	✓			
Spitzkohl					✓	✓						
Staudensellerie							✓	✓	✓	✓		
Tomaten							✓	✓	✓	✓		
Weißkohl							✓	✓	✓	✓	✓	✓
Wirsing	✓	✓	✓	✓	✓				✓	✓	✓	✓
Zucchini						✓	✓	✓	✓	✓		
Zwiebeln	✓	✓	✓	✓	✓	✓	✓	✓	✓	✓	✓	✓

Zeichenerklärung: Monate mit starken Angeboten (günstige Preise) = ✓

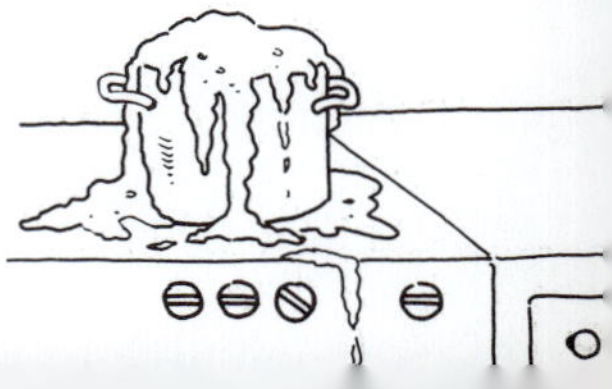

Ratatouille

Rezept-Idee

Zutaten (für 4 Personen)

2 Zwiebeln

1 kleine Aubergine

1 kleine Zucchini

1 Knoblauchzehe

1 Paprikaschote

3 Tomaten

3–4 Esslöffel Öl

⅛ Liter Wasser

je ½ Teelöffel Oregano, Basilikum und Thymian

Salz, Pfeffer

Zubereitung

1. Die Zwiebeln schälen und in Ringe schneiden.
2. Dann das Gemüse waschen, die Enden abschneiden und in ½ cm dicke Scheiben schneiden.
3. Den Knoblauch schälen und fein hacken.
4. Die Paprika waschen und halbieren. Die Kerne der Paprika entfernen und die Paprika nun in Streifen schneiden.
5. Anschließend die Tomaten waschen, den Stiel entfernen und in Achtel schneiden.
6. Zum Schluss das Öl erhitzen und die Zwiebeln zugeben. Dann das Gemüse hinzugeben und bei mittlerer Hitze andünsten. Alles mit Wasser aufgießen, würzen und die Ratatouille 15 Minuten zugedeckt bei geringer Hitze garen.

Guten Appetit

Eiweiß steckt nicht nur im Ei!

Kapitel 5

Zeitbedarf

2 Unterrichtsstunden

Lernziele

- Die Schüler lernen, welche Lebensmittel eiweißreich sind und können sie aufzählen.
- Sie wissen um die Bedeutung des Eiweißes und erläutern seine Wirkung im menschlichen Körper.
- Sie erfahren, wie durch geschickte Kombination von Lebensmitteln die Eiweißaufnahme im Körper gesteigert werden kann.

Kopiervorlagen:

- Arbeitsblatt/Folie (Gruppe 1): Die Bedeutung von Eiweiß (S. 36)
- Arbeitsblatt/Folie (Gruppe 2): Eiweiß: Bedarf und Wertigkeit (S. 37)
- Arbeitsblatt/Folie (Gruppe 3): Die tägliche Eiweißzufuhr (S. 38)
- Arbeitsblatt: Eiweiß – kennst du dich aus? (S. 39)
- Rezept-Idee: Kartoffelgratin (S. 42)

Hinweise

Einstieg

Präsentieren Sie den Schülern als Einstieg und zur Themenfindung frische Lebensmittel, die eiweißhaltig sind. Die Schüler sollen sich zu den Lebensmitteln äußern und über das Thema der Stunde mutmaßen. Schließlich erläutert der Lehrer das Stundenthema und leitet so zur Erarbeitungsphase über.

Erarbeitung & Auswertung

In der Erarbeitungsphase werden verschiedene Aspekte des Themas in Gruppenarbeit themendifferenziert erarbeitet. Die Arbeitsaufträge für die verschiedenen Gruppen werden zuvor auf Folie gezogen, damit die Schüler ihre Ergebnisse in der Auswertungsphase mit Hilfe der Folien präsentieren können. **Gruppe 1** stellt dabei Informationen über die **Bedeutung von Eiweiß für den menschlichen Körper** zusammen. **Gruppe 2** erläutert, was unter der **„biologischen Wertigkeit"** von Eiweiß zu verstehen ist und wie hoch der **tägliche Bedarf an Eiweiß** ist. **Gruppe 3** erarbeitet, mit welchen Lebensmitteln sich der tägliche **Eiweißbedarf geschickt decken** lässt.

Festigung & Vertiefung

Nach der Präsentation werden die Ergebnisse der einzelnen Gruppen mit Hilfe des Arbeitsblattes **„Eiweiß – Kennst du dich aus?"** gesichert. Das Arbeitsblatt können die Schüler in ihrer Hauswirtschaftsmappe abheften und so später noch einmal nachschlagen, wenn sie vertiefende Informationen über Eiweiß benötigen.

Nahrungszubereitung

Die Schüler vertiefen ihr theoretisches Wissen nun in der Nahrungszubereitung. Sie bereiten **Kartoffelgratin** zu. Bei der Rezeptauswahl wird eine Steigerung der Eiweißaufnahme durch die Kombination der verwendeten Lebensmittel erreicht. Beim späteren Aufräumen spülen die Schüler systematisch, hygienisch und umweltbewusst ab und vertiefen bzw. wiederholen so grundlegende Elemente, die bereits in einem Einführungskurs in die Hauswirtschaft (z.B. „Arbeitsblätter Grundwissen Hauswirtschaft", Verlag an der Ruhr, 2007, ISBN 978-3-8346-0235-0) erworben wurden.

Die Bedeutung von Eiweiß (Gruppe 1)

Eiweiß steckt nicht nur im Ei!

Lest euch den Informationstext über Eiweiß aufmerksam durch. Erklärt anschließend euren Mitschülern die Bedeutung von Eiweiß für den menschlichen Körper.

Der menschliche Körper braucht Eiweiß als **„Baustoff“.** Eiweiß dient darüber hinaus zur **Erhaltung der Zellen**.
In jeder Zelle des Körpers und im Blut ist Eiweiß enthalten.

Bei **Eiweißmangel** kann man schneller krank werden, da das Immunsystem ohne Eiweiß nur zu einer verminderten Leistung fähig ist. Durch eine verminderte Leistung des Immunsystems sinkt die **Widerstandsfähigkeit des Körpers** gegenüber Infektionen. Ebenfalls sinkt die allgemeine Leistungsfähigkeit, weshalb man z.B. schnell müde wird. Nimmt man zu wenig Eiweiß zu sich, können wichtige Körperzellen, z.B. die **Muskeln,** abgebaut werden. Besonders im Wachstumsalter kann ein Eiweißmangel zu körperlichen und geistigen Entwicklungsschäden führen.

Allerdings ist eine ständig **überhöhte Eiweißzufuhr** auch nicht gut für unseren Körper, denn sie lässt den Harnsäurespiegel im Blut ansteigen, die Folge ist **Gicht**. Gicht ist eine schmerzhafte Gelenkerkrankung, die sogar zu einer Zerstörung der Gelenke führen kann.

Durch ein Zuviel an Eiweiß kann auch **Osteoporose** (bei dieser Krankheit werden die Knochen brüchig) begünstigt werden. Je mehr Eiweiß unser Körper aufnimmt, desto mehr Kalzium scheiden die Nieren aus. Da **Kalzium** ein wichtiger Baustoff für die Knochen ist, werden die Knochen dann schnell brüchig. Die Nieren werden ebenfalls durch eine überhöhte Eiweißzufuhr belastet.

Eiweißmangel tritt bei Menschen in westlichen Industrieländern – also bei uns – überhaupt nicht bzw. nur sehr selten auf. Im Durchschnitt wird sogar eher doppelt soviel Eiweiß am Tag aufgenommen wie eigentlich nötig ist.

Eiweiß: Bedarf und Wertigkeit (Gruppe 2)

Eiweiß steckt nicht nur im Ei!

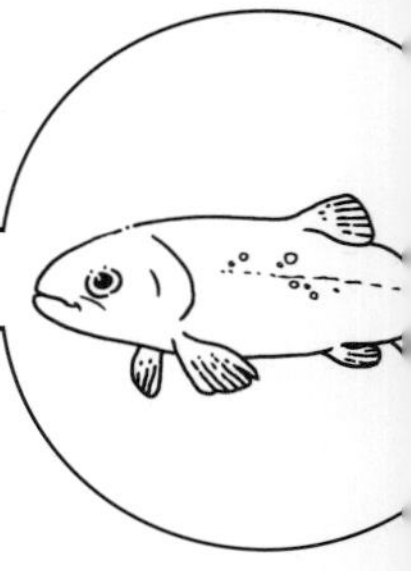

Lest euch den Informationstext über Eiweiß aufmerksam durch. Erklärt anschließend euren Mitschülern, wie hoch der tägliche Bedarf an Eiweiß beim Menschen ist und was „biologische Wertigkeit" bedeutet.

Der **Tagesbedarf** an Eiweiß liegt bei einem Erwachsenen pro Kilogramm Körpergewicht bei 0,8 g Eiweiß. Bei 60 kg Körpergewicht sind das 48 g Eiweiß am Tag. Kinder und Jugendliche brauchen sogar noch etwas mehr Eiweiß. Das liegt daran, dass ihr Körper in der Wachstumsphase mehr von dem **„Baustoff"** Eiweiß benötigt.

Je ähnlicher sich die Eiweiße, die in der Nahrung enthalten sind, mit den Eiweißen des menschlichen Körpers sind, desto besser kann der Körper das Nahrungseiweiß verwerten. Umso höher ist dann die **„biologische Wertigkeit"**. In der folgenden Tabelle seht ihr beispielhaft die „biologische Wertigkeit" von verschiedenen Produkten.

Lebensmittel	Eiweiß in 100 g	biologische Wertigkeit in Prozent
Cornflakes	8	32
Emmentaler	28	85
Haferflocken	14	62
Hering	18	81
Hühnerei	13	81
Huhn	21	83
Kartoffeln	2	67
Milch	3	91
Möhren	1	36
Vollkornreis	7	64

Die Tabelle zeigt, dass aus **pflanzlichem Eiweiß** in der Regel weniger **Körpereiweiß** hergestellt werden kann als aus tierischem. Dies wird in der „biologischen Wertigkeit", eines Lebensmittels ausgedrückt. Es sollte jedoch nicht zu dem Schluss führen, dass pflanzliche Eiweiße minderwertig sind.

© Verlag an der Ruhr • Postfach 10 22 51 • 45422 Mülheim an der Ruhr • www.verlagruhr.de • ISBN 978-3-8346-0451-4

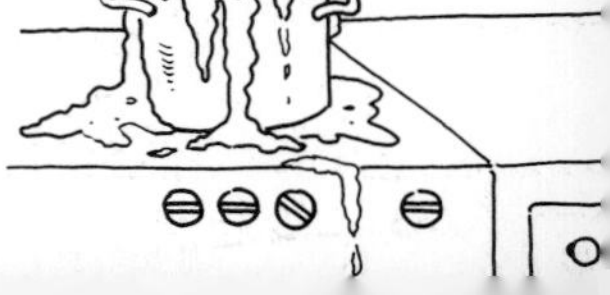

Die tägliche Eiweißzufuhr (Gruppe 3)

Eiweiß steckt nicht nur im Ei!

Lest euch den Informationstext über Eiweiß aufmerksam durch. Erklärt anschließend euren Mitschülern die Notwendigkeit der täglichen Eiweißzufuhr und mit welchen Lebensmitteln der Eiweißbedarf geschickt gedeckt werden kann.

Eiweiß besteht aus verschiedenen Aminosäuren. Nicht alle **Aminosäuren** des Eiweißes kann unser Körper selbst bilden, daher ist er auf die Zufuhr von Eiweiß durch die Nahrung angewiesen. Aber auch weil Eiweiß in unserem Körper ständig ab-, um- und wieder aufgebaut wird, braucht unser Körper regelmäßig Eiweiß.

Eiweißquellen können in **tierische und pflanzliche Quellen** unterteilt werden. **Tierisches Eiweiß** ist z.B. in Milch, Fleisch, Fisch und Eiern enthalten und ist dem menschlichen Körpereiweiß ähnlicher. Deswegen kann der Körper tierisches Eiweiß besser verwerten als pflanzliches Eiweiß. Trotzdem sollten wir aber nicht ohne nachzudenken zu tierischen Lebensmitteln greifen, um unseren Bedarf an Eiweiß zu decken. Denn tierische Lebensmittel wie Fleisch, Wurst und Ei enthalten – neben dem hochwertigen Eiweiß – auch noch Fett und Purine.
So nehmen wir vielleicht mehr Kalorien auf, als eigentlich gut für uns sind. Aus Purinen kann im Körper zu viel Harnsäure produziert werden, was wiederum Gicht auslösen kann.
Es gibt die Möglichkeit, die Aufnahme von Eiweiß aus pflanzlichen Lebensmitteln – z.B. Getreide, Kartoffeln und Hülsenfrüchten – zu steigern: Es ist günstig, **pflanzliche Lebensmittel** miteinander zu **kombinieren** oder pflanzliche Lebensmittel mit Milch oder Eiern zu essen. So wird der Eiweißbedarf geschickt gedeckt, ohne dass man zu viel tierische Lebensmittel zu sich nehmen muss. Gute **Eiweißkombinationen** sind beispielsweise Linseneintopf mit Brot, Müsli mit Jogurt oder Milch, Vollkornbrötchen mit Käse oder Kartoffeln mit Quark oder Ei.

Eiweiß – kennst du dich aus? (1/3)

Eiweiß steckt nicht nur im Ei!

Kreuze die jeweils richtige Antwort auf die unten stehenden Fragen an. Suche die hinter der Antwort stehende Zahl in dem Zahlenkasten (S. 41), und markiere alle Felder mit dieser Zahl. Wenn du alle Lösungen richtig hast, siehst du in dem Kasten das Lösungswort (den Fachbegriff für Eiweiß).

A

Je ähnlicher sich die Eiweiße der Nahrung und des menschlichen Körpers sind, desto besser kann der Körper das **Nahrungseiweiß verwerten** und desto höher ist dann auch die **„biologische Wertigkeit“**.

richtig ☐ 99

falsch ☐ 74

B

Der **Tagesbedarf an Eiweiß** liegt bei einem erwachsenen Menschen pro Kilogramm Körpergewicht bei 0,8 g Eiweiß. Ein Erwachsener (50 kg Körpergewicht) hat einen Tagesbedarf von …

… 56 g Eiweiß am Tag. ☐ 81

… 48 g Eiweiß am Tag. ☐ 35

… 40 g Eiweiß am Tag. ☐ 18

C

Unser Körper braucht ständig die **Zufuhr von Eiweiß**.

richtig ☐ 88

falsch ☐ 52

D

Tierische Lebensmittel wie Fleisch, Wurst und Ei sollten nicht in großen Mengen zur **Eiweißversorgung** verzehrt werden, denn sie enthalten:

Fett und Purine ☐ 59

Vitamine und Mineralstoffe ☐ 84

E

Was geschieht **nicht** bei Eiweißmangel?

Die Widerstandsfähigkeit des Körpers gegenüber Infektionen sinkt. ☐ 96

Die Konzentrationsfähigkeit wird verbessert. ☐ 25

Die Leistungsfähigkeit sinkt. ☐ 65

F

Unser Körper braucht Eiweiß als …

… Brennstoff. ☐ 50

… Baustoff. ☐ 16

… Schutz- und Reglerstoff. ☐ 86

G

Kinder und Jugendliche brauchen weniger Eiweiß als Erwachsene.

richtig ☐ 15

falsch ☐ 80

H

Osteoporose ist eine Krankheit, bei der …

… die Knochen brüchig werden. ☐ 31

… der Harnsäurespiegel im Blut ansteigt. ☐ 41

Eiweiß – kennst du dich aus? (2/3)

Eiweiß steckt nicht nur im Ei!

I Welche Aussage stimmt?

Unser Körper kann nicht alle Aminosäuren des Eiweißes selbst bilden. ☐ 40

Unser Körper kann alle Aminosäuren des Eiweißes selbst bilden. ☐ 19

J **Eiweißmangel** tritt in westlichen Industrieländern auf:

häufig ☐ 58

sehr selten ☐ 23

K Bei welcher Nahrungskombination wird die Eiweißaufnahme nicht gesteigert?

Pflanzliche Lebensmittel mit pflanzlichen Lebensmitteln. ☐ 21

Pflanzliche Lebensmittel mit Milch. ☐ 76

Pflanzliche Lebensmittel mit Milch oder Ei. ☐ 68

Pflanzliche Lebensmittel mit Wasser. ☐ 93

L Die **tägliche Eiweißaufnahme** ist in westlichen Industrieländern …

… eher doppelt so hoch wie eigentlich nötig. ☐ 69

… eher 4-mal so hoch wie eigentlich nötig. ☐ 51

… eher 10-mal so hoch wie eigentlich nötig. ☐ 79

M Eiweiß ist in jeder Zelle des Körpers und im Blut enthalten.

richtig ☐ 54

falsch ☐ 78

N In welchem Lebensmittel ist am **wenigsten** Eiweiß enthalten?

Käse ☐ 83

Vollkornbrot ☐ 12

Ei ☐ 75

O Überhöhte Eiweißzufuhr …

… führt zu Kopfschmerzen. ☐ 28

… ist unschädlich für den Körper. ☐ 62

… führt zu Gicht und Osteoporose. ☐ 47

P Aus **pflanzlichem Eiweiß** kann in der Regel mehr **Körpereiweiß** hergestellt werden als aus **tierischem**.

richtig ☐ 60

falsch ☐ 37

Q Nimmt man **zu wenig Eiweiß** zu sich, kommt es …

… zum Muskelabbau. ☐ 72

… zur Gicht. ☐ 55

… zur Osteoporose. ☐ 26

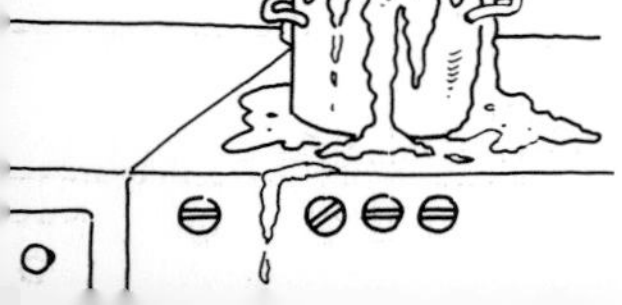

Eiweiß – kennst du dich aus? (3/3)

Eiweiß steckt nicht nur im Ei!

45	45	5	13	13	13	13	62	81	94	91	91	91	91	91	73	73	81	62	57	57	57	22	22	56	56	56	56
62	12	25	31	22	54	54	54	26	88	88	88	63	88	23	88	81	25	25	48	18	65	69	22	22	35	80	22
77	12	24	31	22	72	21	54	26	88	21	47	63	63	23	63	63	25	21	48	18	65	69	69	35	35	80	22
77	59	31	31	22	72	99	26	26	16	21	47	44	22	23	78	78	40	40	48	69	65	69	96	93	35	80	22
77	59	24	38	38	72	57	99	57	16	21	47	52	52	23	78	78	40	21	48	18	65	37	96	21	93	80	73
81	59	24	38	38	72	73	99	26	16	16	16	52	52	23	78	78	40	40	48	18	33	37	96	21	21	93	73
19	24	24	38	38	57	57	57	26	82	82	82	82	82	73	30	30	30	62	81	33	33	33	62	28	28	28	28

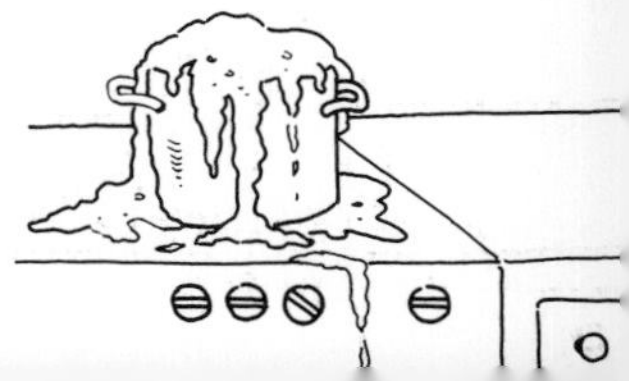

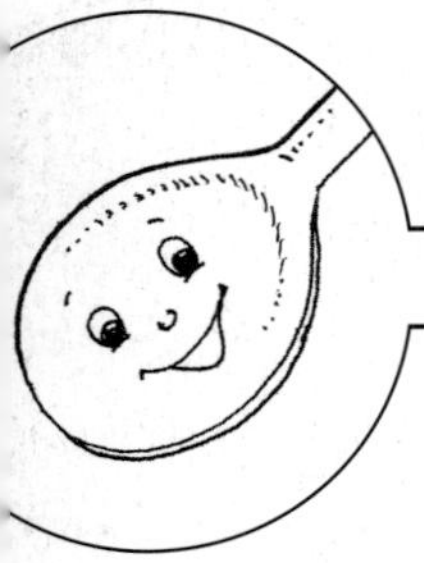

Kartoffelgratin

Rezept-Idee

Zutaten (für 4 Personen)

1 kg (mehlig kochende) Kartoffeln
etwas Butter
150 g geriebenen Käse
¼ Liter Milch
⅛ Liter süße Sahne
Salz, Pfeffer, Muskat
Butterflöckchen

Zubereitung

1. Die Kartoffeln waschen, schälen und in sehr dünne Scheiben schneiden.
2. Eine flache Auflaufform fetten und die Kartoffeln und den Käse schichtweise in die gefettete Auflaufform geben.
3. Die Milch mit der Sahne vermischen, die Gewürze zufügen, das Ganze erhitzen und über die Kartoffeln gießen.
4. Zum Schluss den restlichen Käse und die Butterflöckchen auf den Kartoffeln verteilen.

Backtemperatur:

225 °C (Ober-/Unterhitze)

200 °C (Umluft)

Backzeit: etwa 30–40 Minuten

Guten Appetit

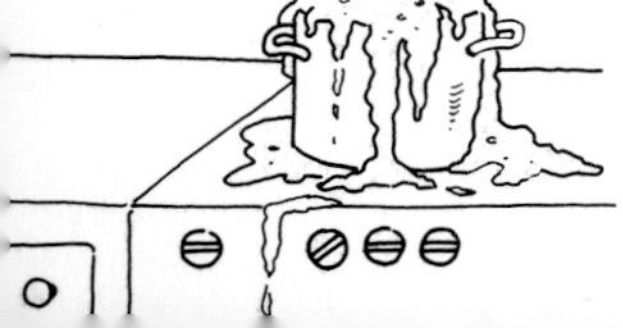

Das Handrührgerät

Kapitel 6

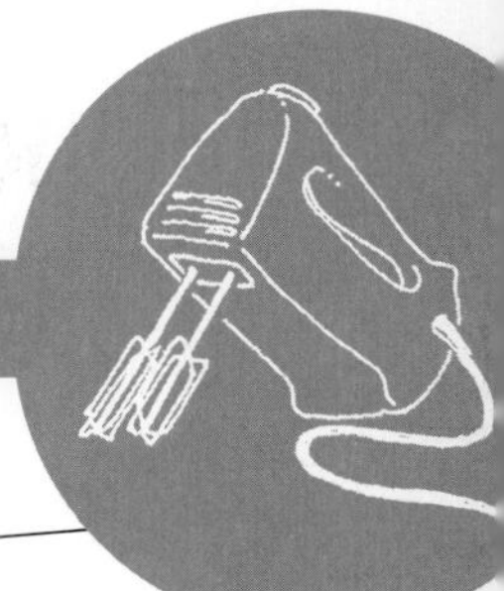

Zeitbedarf

2 Unterrichtsstunden

Lernziele

- Die Schüler lernen, wie sie das elektrische Handrührgerät sachgerecht bedienen.
- In der küchenpraktischen Anwendung üben sie die Bedienung des Gerätes und lernen, wie man es sachgemäß reinigt.
- Beim anschließenden Aufräumen der Küche werden grundlegende Hauswirtschaftskenntnisse wiederholt.

Kopiervorlagen:

- Arbeitsblatt/Textpuzzle: Wie bediene ich das Handrührgerät? (S. 44)
- Arbeitsblatt: Wissenstest: Das Handrührgerät (S. 46)
- Rezept-Idee: Jogurt-Sahne-Dessert mit Kirschen (S. 48)

Hinweise

Einstieg & Erarbeitung

Der Lehrer kopiert für den Einstieg das Arbeitsblatt mit dem Textpuzzle **„Wie bediene ich das Handrührgerät?"** und verteilt es. Er kann das Arbeitsblatt auch vorher laminieren und auseinanderschneiden. Die Schüler bearbeiten das Arbeitsblatt in Gruppenarbeit. Innerhalb der Schülergruppen wird der Text über die sachgerechte Bedienung des elektrischen Handrührgerätes nun in die richtige Reihenfolge gebracht und im anschließenden Lehrer-Schüler-Gespräch gelesen und besprochen.

Festigung

Das Arbeitsblatt **„Wissenstest: Das Handrührgerät"** dient der Ergebnissicherung. Die Schüler beschriften in Einzelarbeit die Teile des elektrischen Handrührgerätes und wiederholen beim Ausfüllen des Lückentextes, wie man es sachgerecht bedient.

Nahrungszubereitung

Die Schüler bereiten das Rezept **„Jogurt-Sahne-Dessert mit Kirschen"** zu. Das in der Unterrichtsstunde theoretisch Gelernte wird praktisch angewendet, denn die Schüler benutzen bei der Rezeptzubereitung das elektrische Handrührgerät.

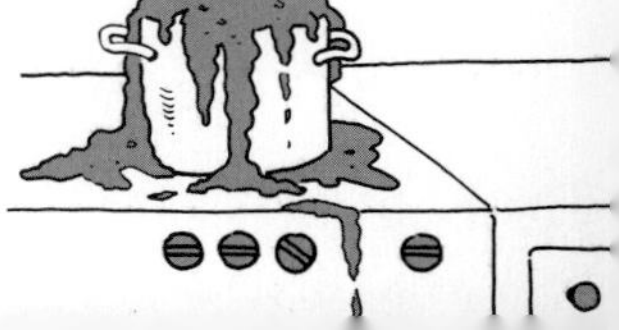

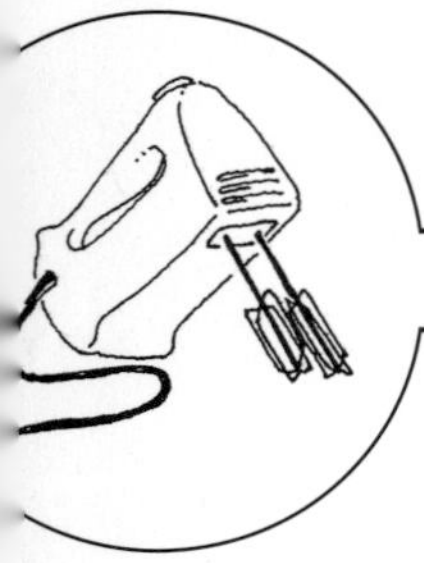

Wie bediene ich das Handrührgerät? (1/2)

Das Handrührgerät

Schneidet die Textkärtchen auseinander, und bringt sie in die richtige Reihenfolge.

1 Zum Schluss werden die Zubehörteile von Martin im Spülbecken gereinigt. Dann hält er das Gehäuse des Gerätes hoch und runzelt die Stirn: *„Das Gerät kann ich nicht abspülen, sonst könnte ich einen elektrischen Schlag bekommen, oder das Gerät bekommt einen Motorschaden."* *„Gib es mir, ich wische es mit einem feuchten Lappen ab und stelle es zurück in den Küchenschrank"*, schaltet sich da Theresa ein. Am Ende der Stunde sind sie sich einig, dass die Bedienung des elektrischen Handrührgerätes eigentlich ganz einfach ist, wenn man ein paar Dinge beachtet.

2 Martina schaltet das Gerät ab und zieht die Zubehörteile aus der Speise. Theresa kommt ihr zu Hilfe und zieht den Netzstecker aus der Steckdose. *„Wie bekomme ich denn jetzt die Rührbesen aus dem Gerät?"*, fragt Martina die Gruppe. *„Das ist ganz einfach! Drücke die Auswerfertaste, die sich an der vorderen Oberseite des Gerätes befindet!"*, hilft ihr Thomas. Schnell drückt Martina die Auswerfertaste. Die Rührstäbe lösen sich aus dem Gerät.

3 Doch schon bei der Wahl der richtigen Zubehörteile stockt sie: *„Welche Zubehörteile muss ich denn jetzt auswählen?"*
„Hmm, hier sind Rührbesen, Knethaken und Pürierstab …", zählt Klaus auf. *„Ach, das ist doch ganz einfach"*, schaltet sich da Thomas ein, *„ob man Rührbesen, Knethaken oder Pürierstab nimmt, hängt davon ab, was man zubereiten möchte. Die Rührbesen werden z.B. für Rührteig, Eischnee oder zum Sahneschlagen verwendet. Die Knethaken werden für schwerere Teige benutzt, z.B. bei der Zubereitung von Hefe- oder Hackfleischteig. Mit dem Pürierstab kann man Suppen pürieren."*

4 Martina bekommt die Rührbesen nicht in die Einstecköffnung. *„Achte darauf, dass Farbe und Markierung am Zubehörteil und an der Einstecköffnung zusammenpassen. Richtiges Einrasten erkennst du an einem ‚Klicken'. Jetzt ist das Gerät betriebsbereit."*

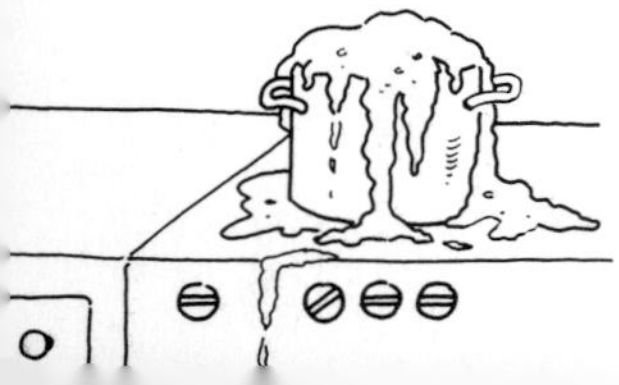

Wie bediene ich das Handrührgerät? (2/2)

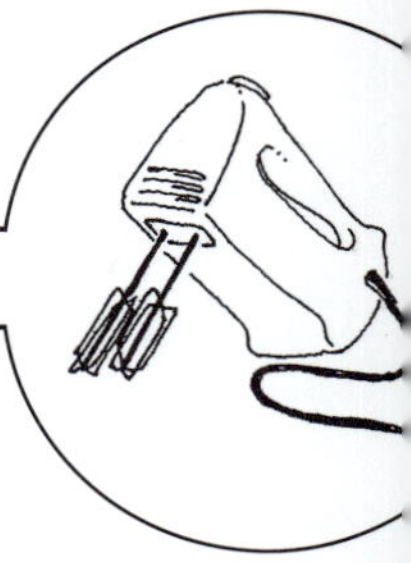

5 Nun steckt Martina den Netzstecker des elektrischen Handrührgerätes in die Steckdose (Der Stufenschalter steht auf Null). Sie holt eine Schüssel mit einem hohen Rand. Nachdem die Zutaten in der Rührschüssel sind, hält sie die Zubehörteile des elektrischen Handrührgerätes in das Rührgefäß mit der Speise. Langsam und stufenweise schaltet sie das elektrische Handrührgerät mit dem Stufenschalter, der sich an der vorderen Oberseite befindet, hoch.

6 *„Lass mich mal probieren!“*, quengelt da Theresa, holt einen Löffel aus der Schublade und versucht, den Löffel in die Rührschüssel zu halten. *„Bist du wahnsinnig?“*, fährt Klaus sie an. *„Man darf keine Arbeitsgeräte während des Betriebes in die Schüssel halten!“*
„Nun ist aber genug gerührt!“, schaltet sich da Frau Krüger, die Hauswirtschaftslehrerin, ein. *„Ein elektrisches Handrührgerät ist nur für den Kurzzeitbetrieb geeignet, d.h., ihr solltet es nicht länger als 8–10 Minuten laufen lassen. Das Gehäuse lässt nicht viel Luft zur Kühlung an den Motor kommen. Daher kann das Gerät schnell überhitzen und dann einen Motorschaden bekommen.“*

7 Heute wird in der Kochgruppe zum ersten Mal mit dem elektrischen Handrührgerät gearbeitet. Klaus, Martina, Thomas und Theresa können es kaum abwarten. Sie stürmen in ihre Kochkoje. Schon schwingt Martina das elektrische Handrührgerät triumphierend durch die Luft. Sie hält es an dem Griff fest, der sich an der Oberseite des Gerätes befindet.

8 Martina greift die Rührbesen und dreht das elektrische Handrührgerät herum. An der vorderen Unterseite befinden sich die Einstecköffnungen für die Zubehörteile. Hier werden Rührbesen oder Knethaken eingesteckt. Einige Handrührgeräte haben zusätzlich als Zubehörteil einen Pürierstab, der am hinteren Teil des Gerätes (meist nachdem eine Abdeckung aufgeschoben wurde) eingesteckt werden kann.

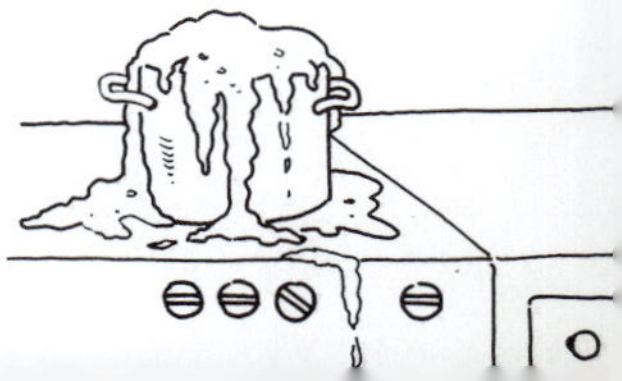

Wissenstest: Das Handrührgerät (1/2)

Das Handrührgerät

1. Beschrifte die Teile des elektrischen Handrührgerätes mit den richtigen Begriffen.

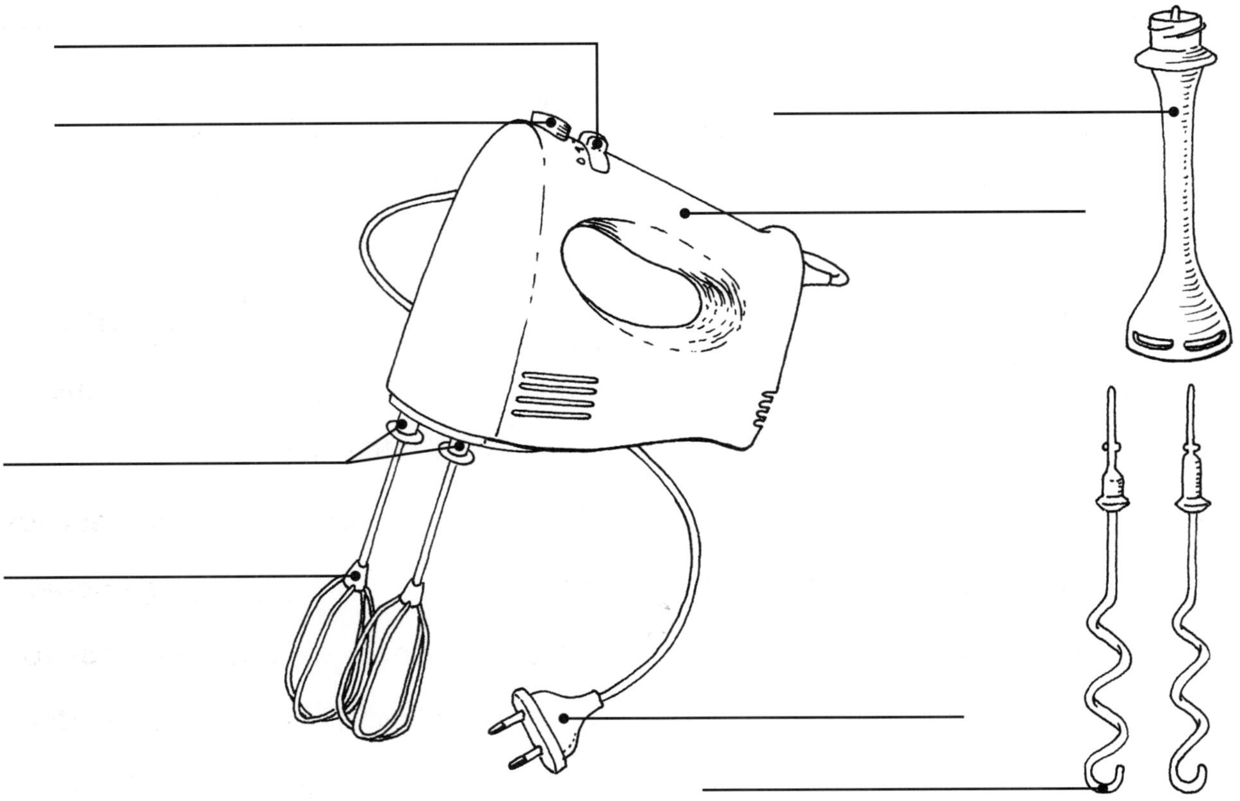

2. Fülle die Tabelle aus, indem du das passende Zubehörteil auswählst und Anwendungsbeispiele (Gerichte) nennst.

Zubehörteil	Verwendung	Beispiele (Gerichte)
	Zum Aufschlagen lockerer Speisen und Teige	
	Zum sämigen Zerkleinern von Lebensmitteln	
	Zum Verkneten festerer Teige	

Wissenstest: Das Handrührgerät (2/2)

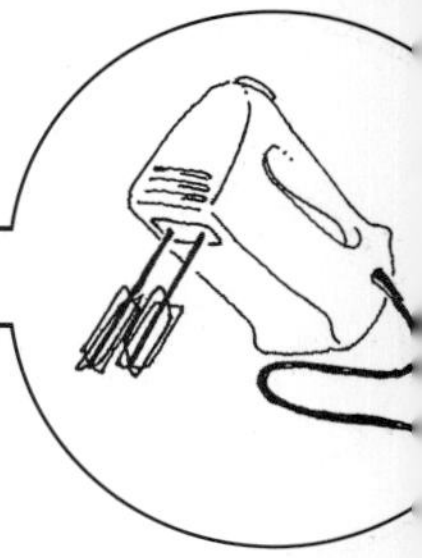

3. Hast du gut aufgepasst? Dann ist das Ausfüllen des Lückentextes sicher kein Problem für dich. Die unten stehenden Begriffe helfen dir.

Motorschaden • Kurzzeitbetrieb • Auswerfertaste • betriebsbereit • feuchten Lappen • Stufenschalter • Speise • Arbeitsgeräte • „Klicken" • ausgeschaltet • Farbe und Markierung • Netzstecker

Bevor du das elektrische Handrührgerät in Betrieb nimmst, solltest du Folgendes beachten:

Die ______________________ am Zubehörteil und an der Einstecköffnung müssen zusammenpassen. Das richtige Einrasten der Zubehörteile ist an einem ______________ erkennbar. Jetzt ist das elektrische Handrührgerät ________________.

Nun kann der ________________ in die Steckdose gesteckt werden (Der Stufenschalter steht dabei auf Null). Langsam und stufenweise wird das elektrische Handrührgerät mit dem ________________ hochgeschaltet. Die Zubehörteile sollten dabei in die ______________ gehalten werden. Während des Betriebes des elektrischen Handrührgerätes dürfen keine ________________ in die Schüssel gehalten werden.

Elektrische Handrührgeräte sind nur für den ________________ geeignet, d.h., ihr solltet es nicht länger als 8–10 Minuten laufen lassen. Sonst kann das Gerät schnell überhitzen und einen ________________ bekommen.

Nach dem Gebrauch wird das elektrische Handrührgerät erst ________________, dann wird der Netzstecker aus der Dose gezogen. Dann drückst du die ______________, um die Zubehörteile aus dem Gerät zu lösen. Das Gehäuse des elektrischen Handrührgerätes wird nur mit einem ________________________ abgewischt.

Jogurt-Sahne-Dessert mit Kirschen

Rezept-Idee

Zutaten (für 4 Personen)

1 kleines Glas Kirschen

100 ml Sahne

1–2 Esslöffel Zucker

400 g Naturjogurt

4 Teelöffel geraspelte Schokolade

Zubereitung

1. Die Kirschen in einem Sieb abtropfen lassen und anschließend gleichmäßig auf vier Dessertgläser verteilen.
2. Die Sahne in einer hohen Schüssel steif schlagen und dabei den Zucker einrieseln lassen.
3. Den Jogurt vorsichtig unter die Sahne rühren. Dabei sollte man nur noch leicht rühren, damit die Sahne nicht zusammenfällt. Nun die Jogurt-Sahne-Mischung auf den Kirschen verteilen.
4. Das Dessert mit geraspelter Schokolade verzieren.

Guten Appetit

© Krissi3012/photocase.com

Teig ist nicht gleich Teig!

Zeitbedarf

2–3 Unterrichtsstunden

Lernziele

- Die Schüler lernen verschiedene Teigarten zum Backen kennen und benennen sie.
- Sie informieren sich über die unterschiedlichen Backformen und Backtriebmittel.
- In der Nahrungszubereitung stellen sie eine Teigart sachgerecht her.

Kopiervorlagen:

- Arbeitsblatt/Folie: Grundrezepte (S. 51)
- Arbeitsblatt: Backen macht Spaß! (S. 52)
- Steck-Spiel: Kennst du verschiedene Backformen? (S. 55)
- Rezept-Domino: Rührteig (S. 57)
- Rezept-Domino: Quark-Öl-Teig (S. 58)
- Rezept-Domino: Mürbe- oder Knetteig (S. 59)
- Rezept-Domino: Hefeteig (S. 60)
- Rezept-Domino (Rückseite) (S. 61)
- Informationskarten (S. 62)
- Rezept-Ideen: Rührteig (S. 64)
- Rezept-Ideen: Quark-Öl-Teig (S. 65)
- Rezept-Ideen: Mürbe- oder Knetteig (S. 66)
- Rezept-Ideen: Hefeteig (S. 67)

Hinweise

Vorbereitung

Der Lehrer wählt für die Unterrichtsstunde **eine** Teigart aus, die die Schüler erlernen sollen. In diesem Buch werden vier verschiedene Teigarten zur Wahl gestellt (Rührteig, Quark-Öl-Teig, Mürbe- oder Knetteig, Hefeteig). Wird das Thema „Backen" länger im Unterricht behandelt, so kann der Lehrer in einer weiteren Unterrichtseinheit eine weitere Teigart mit den Schülern behandeln. Die Auswahl der Teigart kann sich nach dem Wissensstand der Schüler richten, aber auch zeitliche Faktoren sind zu bedenken. Vor der Stunde muss der Lehrer die Materialien für die Gruppenarbeit vorbereiten.

Einstieg

Als Einstieg in die Unterrichtseinheit dient das Arbeitsblatt bzw. die Folie mit den Grundrezept-Teigen. Wird in der Unterrichtsstunde beispielsweise der Rührteig besprochen, wird nur diese Folie aufgelegt (die anderen Grundrezepte werden abgedeckt).
Durch die Einstiegsfolie bekommen die Schüler die Information, dass es sich bei diesem Rezept um ein Grundrezept handelt. Ferner sind Mengen und Zutaten angegeben. Mit Hilfe dieser Angaben werden die Schüler im Gespräch auf das Thema der Stunde hingeführt. Die Frage, um welche Teigart es sich bei dem Grundrezept handelt, kann vom Lehrer aufgeworfen werden. Die Schüler äußern hierzu ihre Vermutungen.

Erarbeitung & Festigung

Die Erarbeitung wird in Gruppenarbeit in den einzelnen Kochkojen durchgeführt und auf dem Arbeitsblatt **„Backen macht Spaß!"** schriftlich fixiert.

Zuvor müssen die Materialien für die Gruppenarbeit vom Lehrer vorbereitet werden. Die **Dominos, Informationskarten** und die **Vorlagen für das Steck-Spiel** werden zunächst auf DIN-A3-Papier kopiert. In den Gruppen liegen dann alle **Informationskarten** zu den verschiedenen Teigarten (die Karten sollten möglichst laminiert werden) sowie das **Steck-Spiel** zu den Backformen, das **Rezept-Domino** zu der entsprechenden Teigart und die **Materialien für die Versuche** mit Backpulver und Hefe bereit.

Die Steck-Karten für das Steck-Spiel werden ausgeschnitten. An der durchgezogenen Linie werden sie gefaltet und zusammengeklebt. Nun werden die Steck-Karten laminiert und ausgeschnitten. Die Karten zum Laminieren **„Kennst du verschiedene Backformen?"** werden an der gestrichelten Linie entlang ausgeschnitten, gefaltet und zusammengeklebt. Anschließend werden sie so laminiert, dass neben den Kärtchen eine Fläche in derselben Größe freibleibt (zur Kontrolle kann die Größenvorlage auf dem Blatt benutzt werden). Die Kärtchen werden dann entsprechend der Größenvorlage einzeln ausgeschnitten. Die leeren bzw. durchsichtigen Felder werden schräg links oben und schräg rechts unten eingeschnitten (siehe Vorlage), sodass die Schüler die laminierten Steck-Karten – ähnlich wie bei einem Fotoalbum – in die durchsichtige Fläche einstecken können. Über die Symbole auf der Rückseite kontrollieren sie, ob sie richtig zugeordnet haben.

Jede Gruppe benötigt außerdem ein **Rezept-Domino** entsprechend der Einstiegsfolie. Die Vorder- und Rückseite des Dominospiels werden zusammengeklebt und laminiert und anschließend entlang der gestrichelten Linien auseinandergeschnitten, sodass Dominosteine entstehen.

Die Schüler können anhand der Symbole auf der Rückseite des Rezept-Dominos selbst kontrollieren, ob sie das Rezept richtig zusammengelegt haben.

Einige Aufgaben des Arbeitsblattes können die Schüler selbstständig kontrollieren (Steck-Spiel, Rezept-Domino). Trotzdem sollten die Ergebnisse anschließend im Lehrer-Schüler-Gespräch verglichen, besprochen und ggf. verbessert werden.

Nahrungszubereitung

Die Schüler wenden ihr theoretisches Wissen zum Thema „Backen" in der Nahrungszubereitung nun praktisch an. Sie bereiten den Teig zu, der in der Unterrichtseinheit besprochen wurde (also wahlweise Rührteig, Quark-Öl-Teig, Mürbe- oder Knetteig bzw. Hefeteig).
Bei den Rezept-Ideen finden sie verschiedene Möglichkeiten, den hergestellten Teig zu verarbeiten. In der Nahrungszubereitung wird darüber hinaus wiederholend die sachgerechte Bedienung des Elektrobackofens (und evtl. des elektrischen Handrührgerätes) sowie die Einrichtung des Arbeitsplatzes geübt.

Um in der Unterrichtsstunde nicht in zeitliche Bedrängnis zu kommen (durch Wartezeiten, die – je nach Teigart – durch das Kühlen bzw. die Gehzeit des Teiges entstehen können), ist es auch denkbar, den Teig z.B. durch eine ältere und damit erfahrenere Lerngruppe vorbereiten zu lassen. In der Unterrichtsstunde wird in der Nahrungszubereitung dann zunächst der jeweilige Teig zubereitet und anschließend mit dem schon zubereiteten Teig aus der älteren Lerngruppe getauscht, um so Wartezeiten zu vermeiden. Der nun übrige Teig kann ebenfalls in einer anderen und ggf. jüngeren Lerngruppe weiter verwendet werden.

Grundrezepte

Teig ist nicht gleich Teig!

Grundrezept	
Menge	**Zutaten**
125 g	Butter oder Margarine
125 g	Zucker
1 Prise	Salz
2	Eier
250 g	Mehl
½ Päckchen	Backpulver
4 EL	Milch

Grundrezept	
Menge	**Zutaten**
150 g	Quark
75 g	Zucker
6 Esslöffel	Milch
6 Esslöffel	Öl
1 Prise	Salz
250–300 g	Mehl
1 Päckchen	Backpulver

Grundrezept	
Menge	**Zutaten**
250g	Mehl
65 g	Zucker
1	Ei
125 g	Butter oder Margarine

Grundrezept	
Menge	**Zutaten**
500 g	Mehl
40 g	Hefe
¼ Liter	Milch
80 g	Zucker
80 g	Butter oder Margarine
1 Prise	Salz

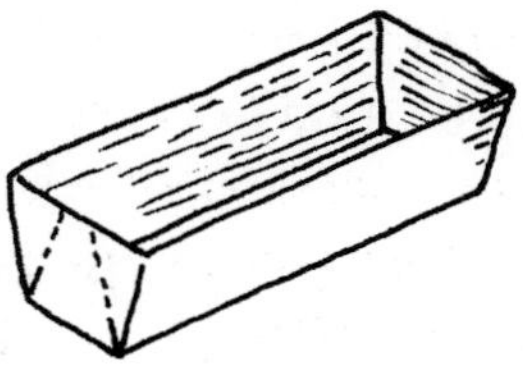

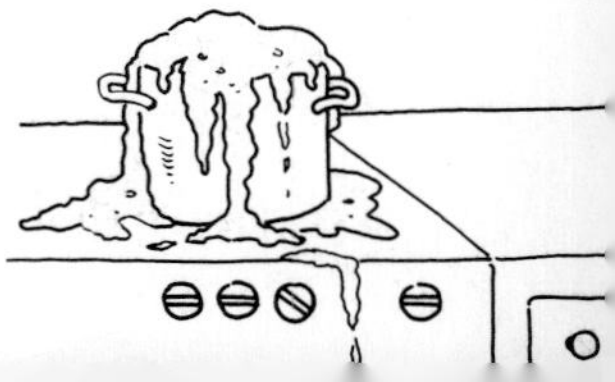

Backen macht Spaß! (1/3)

Teig ist nicht gleich Teig!

Geht mit eurer Gruppe in eure Kochkoje. Versucht nun, mit den bereitgestellten Materialien (Steck-Spiel „Kennst du verschiedene Backformen?“, Rezept-Domino, Informationskarten) gemeinsam die Aufgaben zu lösen.

1. Welche Angaben gehören zur Gartechnik Backen? Kreuzt an.

Backen ist ein …		
☐ … Garen und Bräunen bei hohen Temperaturen mit oder ohne Fett durch Strahlungswärme. ☐ … Garen und Bräunen schwimmend in heißem Fett bei 170 bis 200 °C. ☐ … Garen und Bräunen in heißer Luft im Backofen bei 150 bis 225 °C.		
Die Nährstoffverluste sind bei dieser Gartechnik …		
☐ … gering	☐ … mittel	☐ … hoch
Anwendungsbeispiele:		
☐ Pfannkuchen ☐ Reibeplätzchen	☐ Kleingebäck ☐ Aufläufe	☐ Kuchen

2. Wie heißen die abgebildeten Backformen? Ordnet die Abbildungen des Steck-Spiels den passenden Wortkarten zu, und haltet eure Ergebnisse anschließend schriftlich auf diesem Arbeitsblatt fest.

Backform	Bezeichnung
a) 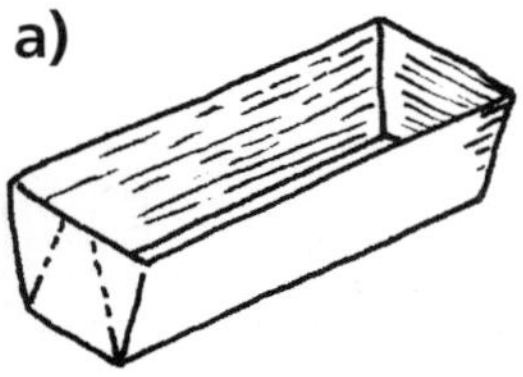	
b) 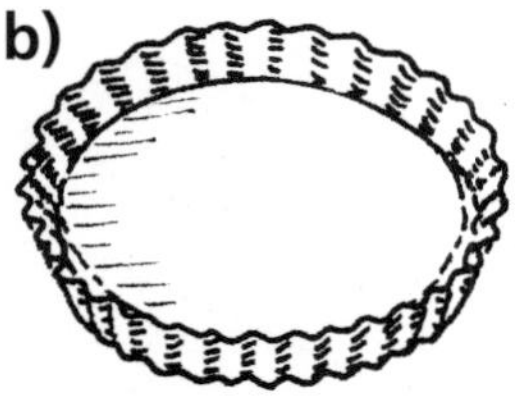	

Backform	Bezeichnung
c) 	
d) 	

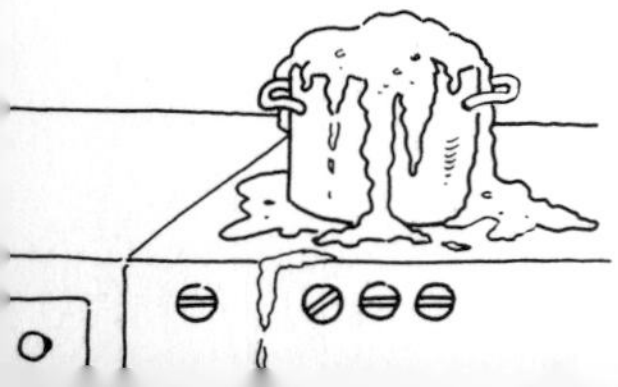

Backform	Bezeichnung
e) 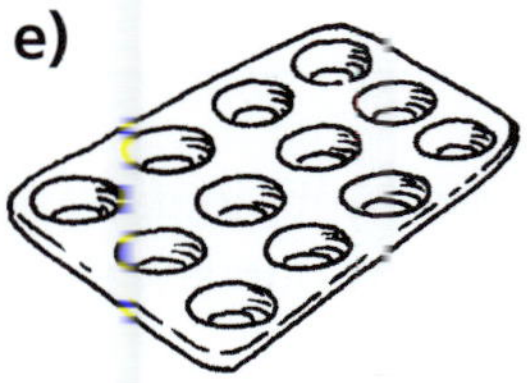	
f) 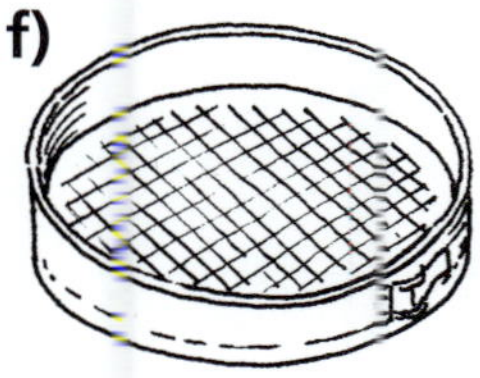	

Backform	Bezeichnung
g) 	
h) 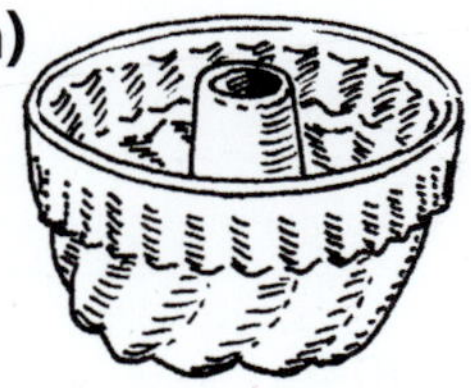	

3. Informiert euch über verschiedene Teigarten.

a) Legt zunächst das Rezept-Domino.

b) Lest anschließend die Informationskarten zu den verschiedenen Teigarten. Welcher Teig ist auf dem Rezept-Domino abgebildet?

c) Es gibt verschiedene Backtriebmittel. Welche kennt ihr?

d) Der Teig auf dem Rezept-Domino wird mit folgendem Backtriebmittel hergestellt:

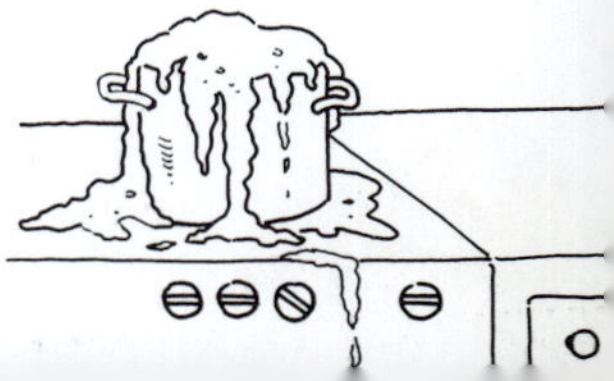

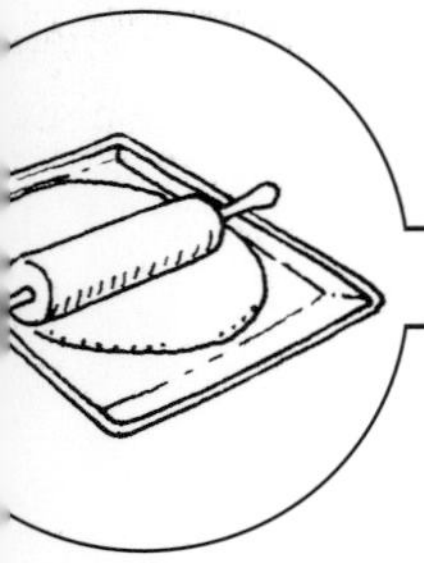

Backen macht Spaß! (3/3)

Teig ist nicht gleich Teig!

4. Führt nun folgende Versuche mit Backpulver und Hefe durch.

Versuch mit Backpulver	
Material: 2 Gläser, 1 Teelöffel, 1 Päckchen Backpulver, 150 ml kaltes Wasser, 150 ml warmes Wasser	**Versuchsablauf:** Gebt in das eine Glas 150 ml kaltes Wasser. Gebt in das andere Glas 150 ml lauwarmes Wasser. Rührt nun jeweils einen Teelöffel Backpulver in jedes Glas.
Was beobachtet ihr? __________ __________	
Erklärt eure Beobachtungen. __________ __________	

Versuch mit Hefe	
Material: 1 Flasche, 1 kleine Schüssel, 1 große Schüssel, 1 Trichter, 1 Teelöffel, 1 Gabel, 1 Luftballon, 1 Würfel Hefe, Zucker, Mehl, 100 ml warmes Wasser	**Versuchsablauf:** Gebt den Würfel Hefe zusammen mit dem lauwarmen Wasser, einem Teelöffel Zucker und 4 Teelöffeln Mehl in eine kleine Schüssel. Verrührt das Gemisch, bis keine Klümpchen mehr zu sehen sind. Nun füllt ihr die Mischung mit einem Trichter in eine Flasche. Über den Flaschenhals stülpt ihr den Luftballon. Die Flasche mit der Hefemischung stellt ihr in die große Schüssel mit lauwarmen Wasser. Jetzt müsst ihr ein paar Minuten Geduld haben.
Was beobachtet ihr nach einigen Minuten? __________ __________	
Erklärt eure Beobachtungen. __________ __________	

5. Wofür wird Backpulver oder Hefe beim Backen benötigt?

____

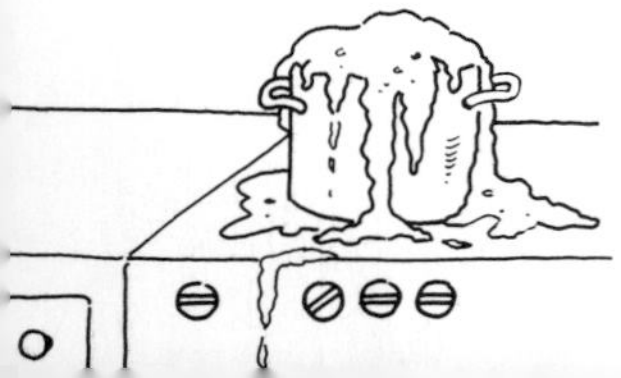

Kennst du verschiedene Backformen? (1/2)

Teig ist nicht gleich Teig!

Größenvorlage für die Folie

Hier werden die Karten einlaminiert.

(Mit der Backform nach oben)

Schlitze für die Steck-Karten
Vorsichtig in die Folie einritzen!

Karten zum Laminieren

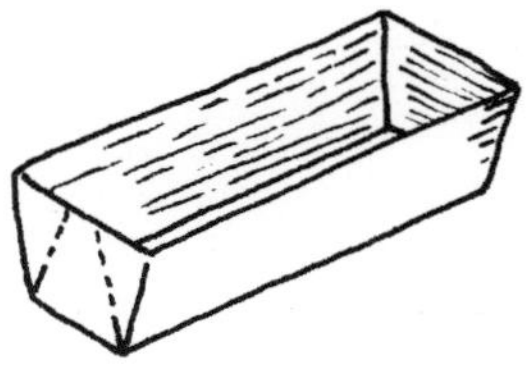

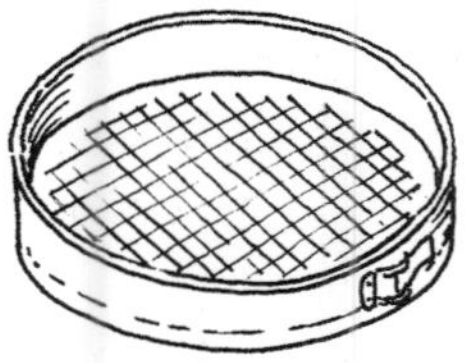

Knicklinie

Knicklinie

Kennst du verschiedene Backformen? (2/2)

Teig ist nicht gleich Teig!

Steck-Karten

	Kasten-kuchenform
	Papierback-förmchen
	Muffin-backblech
	Backblech

Knicklinie

	Torten-bodenform
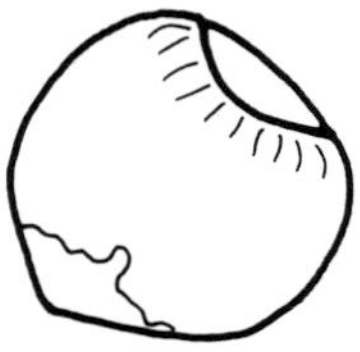	Springform mit Ring
	Springform mit Boden
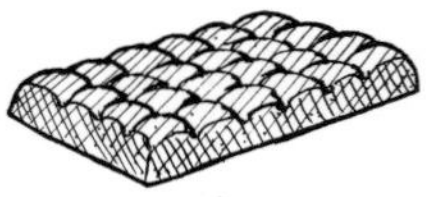	Napfkuchen-form

Knicklinie

Rezept-Domino: Rührteig

Teig ist nicht gleich Teig!

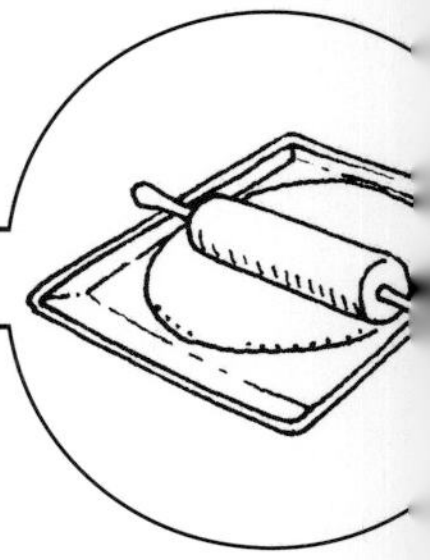

Start		Das Backblech vorbereiten: einfetten oder mit Backpapier auslegen.	
Butter oder Margarine schaumig rühren. Zucker zugeben und nach und nach unterrühren.		Die Eier einzeln dazugeben, schaumig rühren.	
Das Backpulver mit dem Mehl mischen.		Das Mehl mit Backpulver und Milch abwechselnd unterrühren. Alles gut verrühren.	
Den Teig gleichmäßig auf dem Backblech verstreichen (oder in eine andere Backform füllen).		Je nach Rezeptangabe den Teig z.B. mit Zucker oder Mandelblättern bestreuen, Kakao unterrühren etc.	
Den Teig in den Backofen schieben. Achtet dabei auf die unterschiedlichen Heizarten (Ober- und Unterhitze oder Umluft).	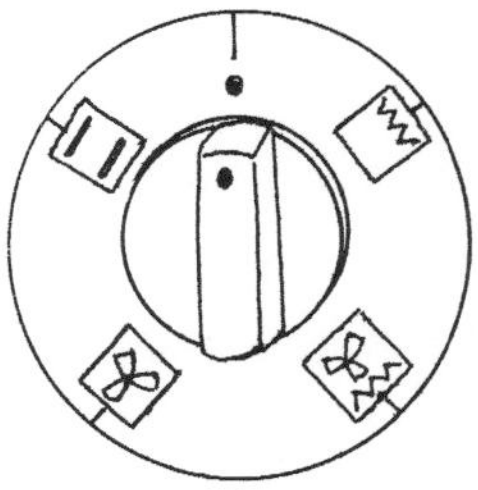 20 Min. Backzeit	Backzeit beachten, ggf. Garprobe machen und auskühlen lassen.	Ziel

Rezept-Domino: Quark-Öl-Teig

Teig ist nicht gleich Teig!

Start		Das Backblech vorbereiten: einfetten oder mit Backpapier auslegen.	
Den Quark, evtl. Zucker, Milch, Öl und 1 Prise Salz in eine Schüssel geben.		Diese Zutaten mit den Knethaken des Handrührgerätes verkneten.	
Nun das Backpulver mit dem Mehl mischen.		Erst jetzt das Mehl mit dem Backpulver unterkneten. Den Teig kräftig durchkneten.	
Den Teig auf dem Backblech ausrollen (oder den Teig beliebig formen, z.B. zu Stutenkerlen, und auf das Backblech legen).		Je nach Rezeptangabe den Teig süß als Kuchen (z.B. mit Pflaumen) oder herzhaft als Pizza (z.B. mit Tomaten und Käse) belegen.	
Den Teig in den Backofen schieben. Achtet dabei auf die unterschiedlichen Heizarten (Ober- und Unterhitze oder Umluft).	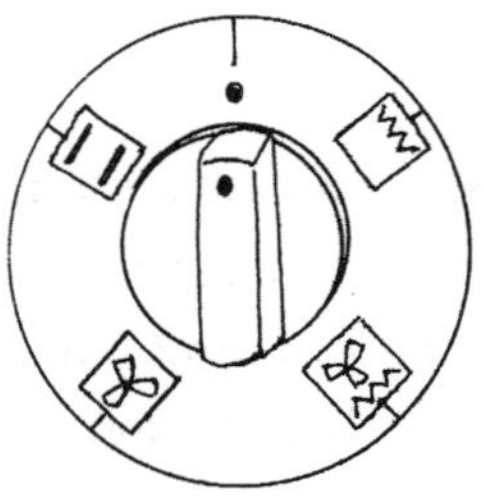 20 Min. Backzeit	Backzeit beachten, ggf. Garprobe machen und auskühlen lassen.	Ziel

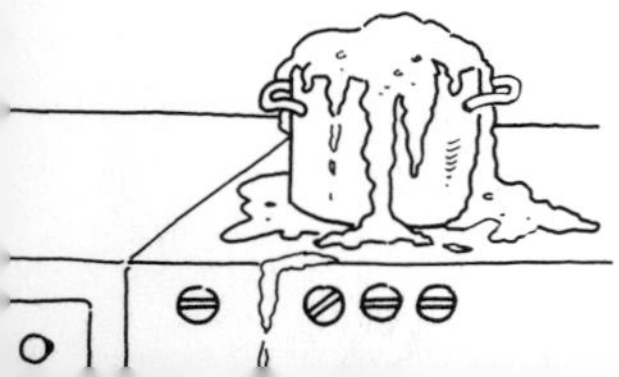

Rezept-Domino: Mürbe- oder Knetteig

Teig ist nicht gleich Teig!

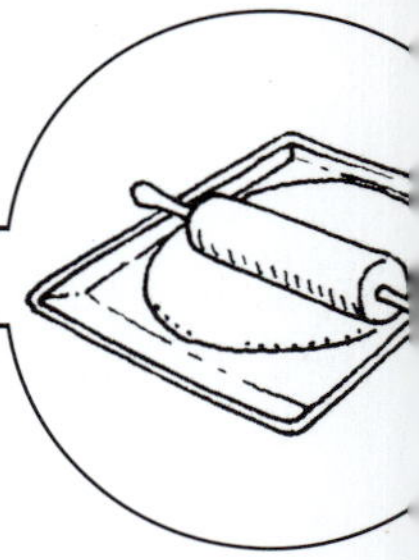

Start		Das Backblech vorbereiten: einfetten oder mit Backpapier auslegen.	
Mehl auf ein weiteres Backblech geben und eine Vertiefung in die Mitte drücken. Den Zucker in die Vertiefung schütten.		Das Ei aufschlagen und in die Vertiefung auf den Zucker geben.	
Das Fett in kleine Stücke schneiden und auf den Mehlrand setzen.		Von der Mitte ausgehend die Zutaten mit einem Messer verrühren. Dann die Masse mit dem Messer so lange hacken, bis alles gut vermischt ist.	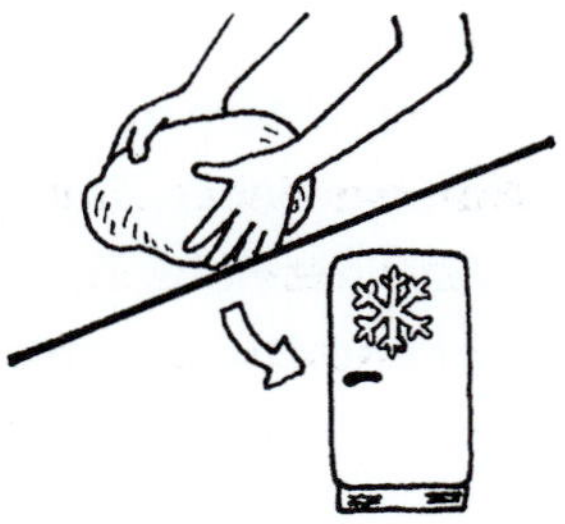
Den Teig möglichst mit den Handballen schnell durchkneten. Ihn anschließend im Kühlschrank kühlen.		Den Teig auf der bemehlten Arbeitsplatte ausrollen. Je nach Rezeptangabe z.B. Plätzchen ausstechen und auf das Backblech legen.	
Den Teig in den Backofen schieben. Achtet dabei auf die unterschiedlichen Heizarten (Ober- und Unterhitze oder Umluft).	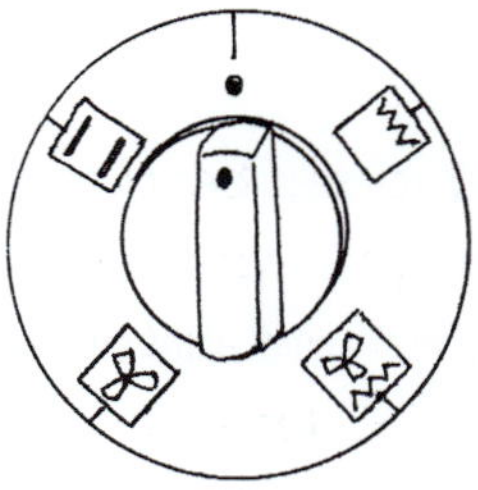 5 Min. Backzeit	Backzeit beachten, ggf. Garprobe machen und auskühlen lassen.	Ziel

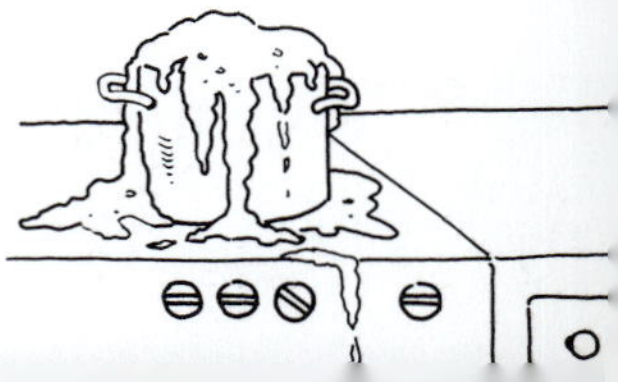

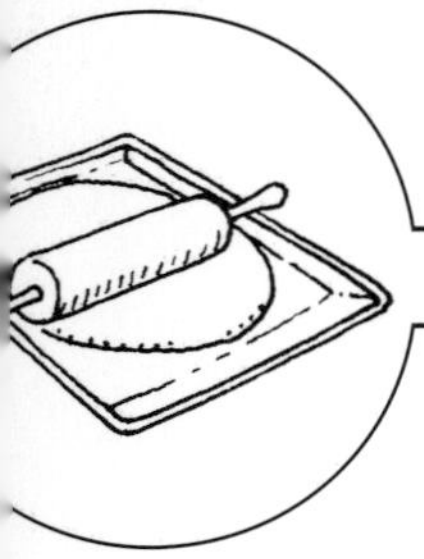

Rezept-Domino: Hefeteig

Teig ist nicht gleich Teig!

Start

Das Backblech vorbereiten: einfetten oder mit Backpapier auslegen.

Das Mehl in eine Schüssel geben. In die Mitte des Mehls eine Vertiefung drücken.

Die Hefe in die Vertiefung bröckeln und Zucker darüberstreuen

Die Hälfte der lauwarmen Milch in die Schüssel geben. Die Milch mit Hefe, Zucker und etwas Mehl mit einem Rührlöffel verrühren.

Das Fett in kleine Stücke schneiden und auf den Rand setzen. Das Salz ebenfalls auf den Rand streuen. Den Teig zehn Minuten „gehen" lassen.

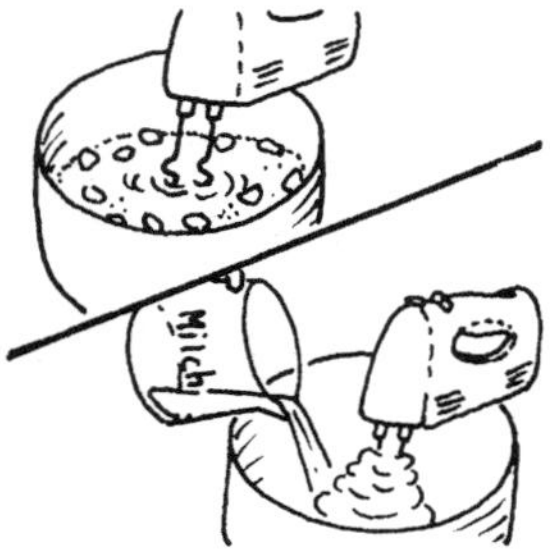

Den Teig von der Mitte aus verkneten. Dann die restliche Milch dazugeben und kräftig weiterkneten.

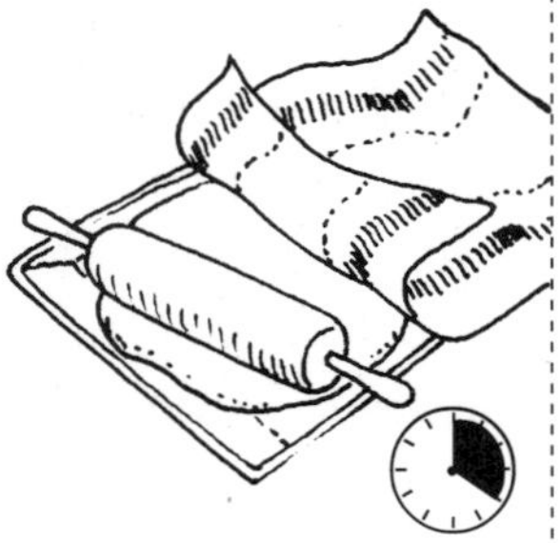

Den Teig auf dem vorbereiteten Backblech ausrollen. Den Teig an einem warmen Platz zwanzig Minuten abgedeckt „gehen" lassen.

Den Teig in den Backofen schieben. Achtet dabei auf die unterschiedlichen Heizarten (Ober- und Unterhitze oder Umluft).

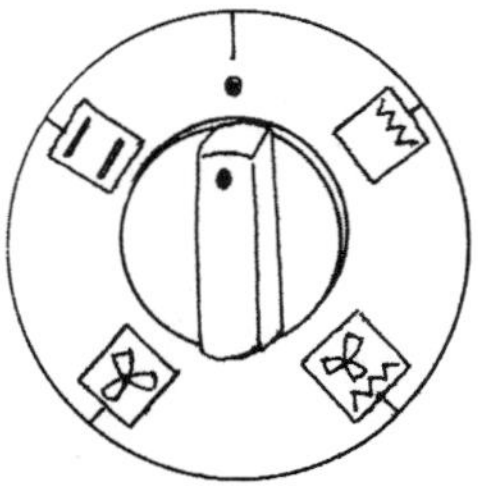

20 Min. Backzeit

Backzeit beachten, ggf. Garprobe machen und auskühlen lassen.

Ziel

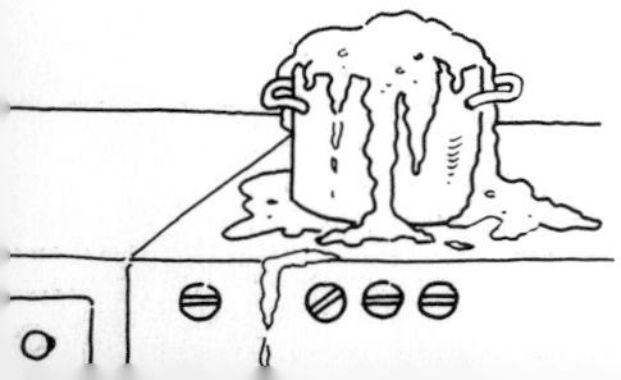

Mehl
Mehl

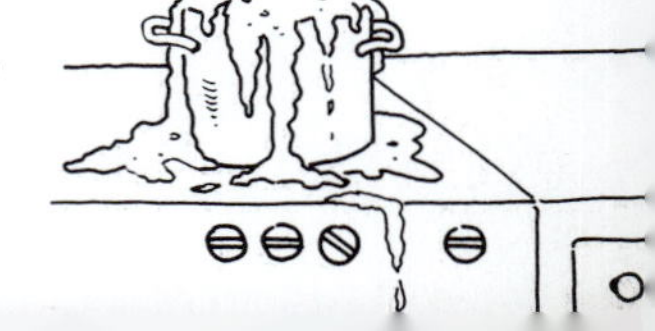

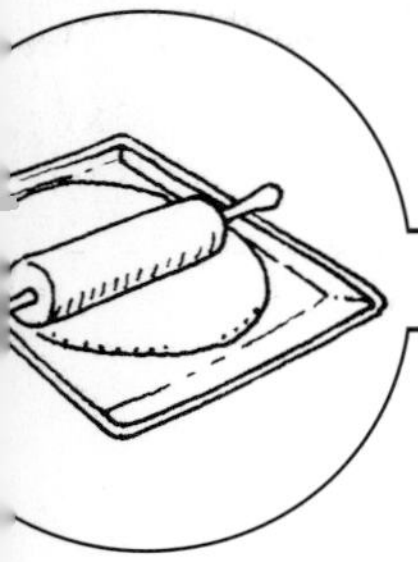

Informationskarten (1/2)

Teig ist nicht gleich Teig!

Informationskarte Rührteig

Der Rührteig heißt Rührteig, weil er ein Teig ist, bei dem du lange rühren musst. Der Teig gelingt besonders gut, wenn alle Zutaten zimmerwarm sind.

1. Zuerst wird das Fett in einer Rührschüssel mit den Quirlen des elektrischen Handrührgerätes schaumig gerührt.
2. Dann wird der Zucker nach und nach untergerührt.
3. Die Eier werden einzeln in einer Tasse aufgeschlagen und nacheinander in den Teig gerührt. Niemals alle Eier gleichzeitig in den Teig geben, sie lassen sich dann schlecht unterrühren.
4. Jetzt heißt es **rühren, rühren, rühren,** bis in der Teigmasse keine Zuckerkörner mehr zu spüren sind.

5. Ggf. werden jetzt Gewürze in den Teig gerührt.
6. Das mit Backpulver gemischte Mehl wird nach und nach abwechselnd mit der Flüssigkeit unter den Teig gerührt. (Das elektrische Handrührgerät auf die kleinste Stufe stellen!)
7. Den Teig in die vorbereitete Form füllen und backen.

Informationskarte Quark-Öl-Teig

Der Quark-Öl-Teig ist ein schneller und unkomplizierter Teig, der schnell gegessen werden sollte, denn sonst schmeckt er alt.

1. Zuerst werden Quark, Öl, Zucker, Milch und Salz in eine Rührschüssel gegeben. Mit den Knethaken des Handrührgerätes werden die Zutaten verknetet.
2. Das mit Backpulver gemischte Mehl wird nach und nach unter den Teig geknetet (Handrührgerät auf die kleinste Stufe stellen!).
3. Den Teig z.B. auf dem vorbereiteten Backblech ausrollen und backen.

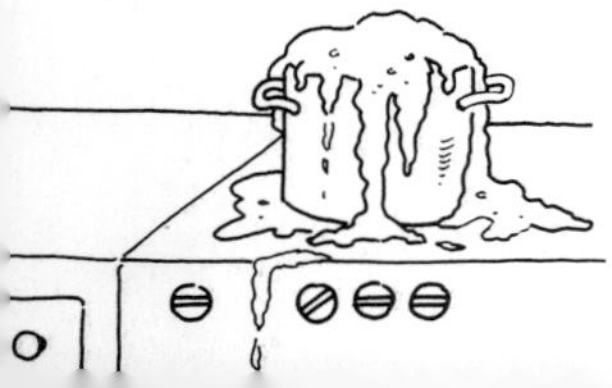

Informationskarte Mürbe- oder Knetteig

Der Mürbeteig oder Knetteig ist der Teig, bei dem du kneten musst. Anschließend brauchst du etwas Zeit, denn der Teig muss gekühlt werden.

1. Zuerst wird das Mehl auf ein Backblech geschüttet. In das Mehl wird eine Mulde gedrückt. In die Vertiefung wird der Zucker geschüttet.
2. Das Ei wird auf den Zucker in die Mulde gegeben.
3. Auf den Mehlrand wird kalte Margarine oder Butter in kleinen Stückchen gegeben.
4. Von der Mitte aus werden die Zutaten mit einem (Butter-)Messer verrührt und durchgehackt, bis alles gut vermischt ist.
5. Jetzt wird der Teig mit den Handballen (nicht mit den Fingern!) schnell durchgeknetet und anschließend eine Zeit lang kalt gestellt.
6. Jetzt kann der Teig weiter verarbeitet (z.B. zu Plätzchen, Tortenboden, etc.) und gebacken werden.

Informationskarte Hefeteig

Der Hefeteig ist der anspruchsvolle Teig, denn die Hefe darf nicht zu warm und nicht zu kalt verarbeitet werden. Beim Hefeteig brauchst du etwas Zeit, denn die Hefe muss „gehen".

1. Die Hefe wird in etwas lauwarmer Flüssigkeit (ca. 30 °C) ggf. mit etwas Zucker aufgelöst und einige Minuten stehen bzw. „gehen" gelassen.
2. Das Mehl wird in eine Rührschüssel gegeben. Zucker, Salz, Margarine oder Butter werden in Flöckchen auf den Mehlrand gegeben.
3. Jetzt wird die aufgelöste Hefe in die Mitte des Mehls gegossen. Die Zutaten werden mit den Knethaken des Mixers von der Mitte aus verknetet.
4. Nun wird die restliche Milch dazugegeben und der Teig nochmals durchgeknetet.
5. Den Teig z.B. auf dem vorbereiteten Backblech ausrollen und nochmals ca. 20 Minuten „gehen" lassen.
6. Jetzt kann der Teig endlich gebacken werden.

Rührteig

Rezept-Ideen

Zutaten (für 4 Personen)

125 g Butter oder Margarine
125 g Zucker
1 Prise Salz
2 Eier
250 g Mehl
½ Päckchen Backpulver
4 Esslöffel Milch

Zubereitung

1. Die Butter oder Margarine schaumig rühren.

2. Zucker und Salz zugeben und nach und nach unterrühren.

3. Die Eier einzeln dazugeben und schaumig rühren.

4. Das Backpulver mit dem Mehl mischen. Das Mehl mit Backpulver und Milch abwechselnd unterrühren. Den Teig gut durchrühren.

Jetzt gibt es mehrere Möglichkeiten, den Teig weiter zu verarbeiten:

a) Den Teig gleichmäßig auf ein vorbereitetes Backblech streichen (die Menge reicht für ein halbes Backblech).
Auf dem Teig kann ein Glas abgetropfte Kirschen verteilt werden.
Oder: Der Teig kann z.B. mit 3 Esslöffeln Zucker und/oder 50 g Mandelblättern bestreut werden.
Oder: Der Teig kann mit 3 Esslöffeln Zucker (zusätzlich) und 3 Esslöffeln Kakao (nach dem Mehl zugeben) zubereitet werden.

b) Den Teig in eine Muffinform (mit 12 Mulden) füllen und backen.
Der Teig kann vor dem Befüllen der Muffinform halbiert werden. In die eine Hälfte des Teiges 1½ Esslöffel Zucker und 1½ Esslöffel Kakao rühren. Von beiden Teigen etwas in jede Muffinmulde füllen (ergibt Marmormuffins).

c) Mit zwei Teelöffeln kleine Häufchen vom Teig abstechen und auf ein vorbereitetes Backblech setzen.
Nach dem Backen die Unterseite des Gebäcks mit Puderguss (125 g Puderzucker mit 1 Esslöffel heißem Wasser verrühren) bestreichen (ergibt kleine Amerikaner).
Oder: Der Teig kann mit 3 Esslöffeln gemahlenen Haselnüssen oder Mandeln hergestellt werden (nach dem Mehl und dem Backpulver zugeben).

Den Teig auf der mittleren Einschubhöhe in den Backofen schieben.

Bei 200 °C den Teig ca. 10–15 Minuten backen (Garprobe mit einem Holzstäbchen machen).

Guten Appetit

Zutaten (für 4 Personen)

150 g Quark
75 g Zucker
6 Esslöffel Milch
6 Esslöffel Öl
1 Prise Salz
250–300 g Mehl
1 Päckchen Backpulver

Zubereitung

1. Den Quark, evtl. Zucker, Milch, Öl und 1 Prise Salz in eine Schüssel geben. Die Zutaten mit den Knethaken des elektrischen Handrührgerätes verkneten.

2. Das Backpulver mit dem Mehl mischen. Das Mehl mit dem Backpulver unterkneten. Den Teig dabei kräftig durchkneten.

Jetzt gibt es mehrere Möglichkeiten, den Teig weiter zu verarbeiten:

a) Den Teig gleichmäßig ausrollen und auf ein vorbereitetes Backblech legen. Der Teig kann z.B. mit Pflaumen belegt werden.
Oder: Der Teig kann z.B. mit 100 g Butterflöckchen, 3 Esslöffeln Zucker und 50 g Mandelblättern bestreut werden.

b) Je nach Jahreszeit Eiernester oder Stutenkerle formen.

Eiernester:
- Aus dem Teig 8 dünne, etwa 20 cm lange Rollen formen.
- Jeweils 2 Rollen miteinander verdrehen.
- Die Teigrollen zu Kränzen zusammenlegen.
- Die Kränze auf ein vorbereitetes Backblech legen und mit Milch bestreichen.
- Nach dem Backen ein hart gekochtes Ei in die Kränze setzen.

Stutenkerle:
- Den Teig in 4 Stücke schneiden.
- Jedes Stück zu einer Rolle formen.
- Die Rolle etwas flach drücken, und an den Seiten einschneiden und formen.

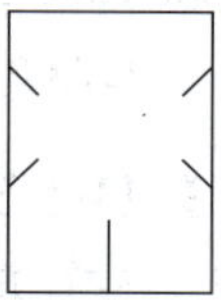

- Die Stutenkerle auf ein vorbereitetes Backblech legen und mit Milch bestreichen.
- Mit Hagelzucker, Rosinen, Nüssen usw. verzieren.

c) Den Teig ohne Zucker aber mit ½ Teelöffel Salz zubereiten. Nun kann der Teig herzhaft als Pizza mit Tomatensoße, Oregano, weiteren Zutaten nach Wahl und geriebenem Käse belegt werden.

Den Teig auf der mittleren Einschubhöhe in den Backofen schieben.

Bei 200 °C ca. 10–20 Minuten backen (Garprobe mit einem Holzstäbchen machen).

Mürbe- oder Knetteig

Rezept-Ideen

Zutaten (für 4 Personen)

250 g Mehl
65 g Zucker
1 Ei
125 g Butter oder Margarine

Zubereitung

1. Das Mehl auf die Arbeitsplatte oder ein (weiteres) Backblech geben und eine Vertiefung in die Mitte drücken. Den Zucker in die Vertiefung schütten.
2. Das Ei aufschlagen und in die Vertiefung auf den Zucker geben.
3. Das Fett in kleine Stücke schneiden und auf den Mehlrand setzen. Von der Mitte ausgehend die Zutaten mit einem Messer verrühren. Dann die Masse mit dem Messer so lange hacken, bis alles gut vermischt ist. Den Teig möglichst mit den Handballen (zwischen den Fingern wird der Teig zu warm) schnell durchkneten. Den Teig im Kühlschrank kühlen.

Jetzt gibt es mehrere Möglichkeiten, den Teig weiter zu verarbeiten:

a) Den Teig auf der bemehlten Arbeitsplatte ausrollen. Plätzchen ausstechen und auf das Backblech legen. Die Plätzchen mit verquirltem Ei oder Kondensmilch bestreichen und (z.B. mit Hagelzucker) verzieren.
Bei 200 °C auf der mittleren Einschubhöhe ca. 5–10 Minuten backen.

b) Den Teig mit einer Messerspitze Backpulver (in das Mehl geben) zubereiten. Den Teig dann in einer vorbereiteten Tortenbodenform backen. Nach dem Auskühlen mit Obst belegen und mit Tortenguss bestreichen.
Bei 200 °C auf der mittleren Einschubhöhe ca. 15–20 Minuten backen.

c) Den Teig ohne Zucker aber mit ½ Teelöffel Salz zubereiten.
Den Teig in eine Quiche- oder Springform (alternativ auf dem Backblech, Backzeit 20–30 Minuten) legen und einen Rand hochdrücken. Der Teig wird nun herzhaft (z.B. als Zwiebelkuchen) zubereitet: 1 kg Zwiebeln (Scheiben) und 150 g Speck dünsten und auf dem Teig verteilen, mit 3 Eiern, 200 ml Milch, 200 g Schlagsahne, Muskatnuss und weißem Pfeffer (alles verquirlt) übergießen.
Bei 200 °C auf der mittleren Einschubhöhe ca. 35–40 Minuten backen.

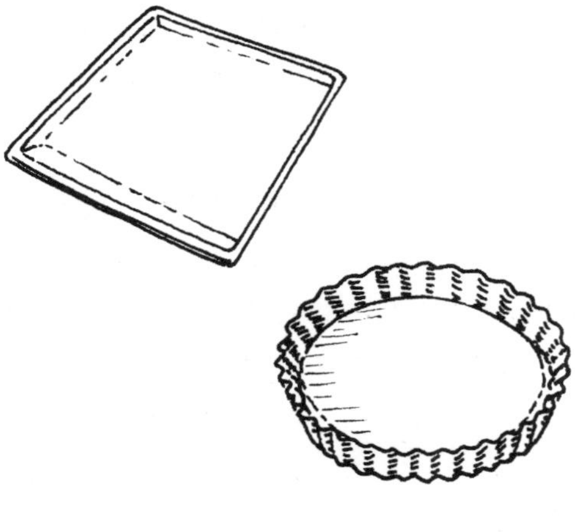

Zutaten (für 4 Personen)

500 g Mehl
40 g Hefe
80 g Zucker
¼ Liter Milch
80 g Butter oder Margarine
1 Prise Salz

© fotofixfax/pixelio.de

Zubereitung

1. Das Mehl in eine Schüssel geben. In die Mitte des Mehls eine Vertiefung drücken. Die Hefe in die Vertiefung bröckeln.
2. Den Zucker über die Hefe streuen. Die Hälfte der lauwarmen Milch in die Schüssel geben. Die Milch mit Hefe, Zucker und etwas Mehl mit einem Rührlöffel verrühren.
3. Das Fett in kleine Stücke schneiden und auf den Rand setzen. Das Salz ebenfalls auf den Rand streuen. Den Teig dann zehn Minuten „gehen" lassen.
4. Dann den Teig von der Mitte aus mit den Knethaken des elektrischen Handrührgerätes verkneten. Nun die restliche Milch dazugeben und kräftig weiterkneten. Je nach Teigbeschaffenheit noch etwas Milch oder Mehl dazugeben.

Jetzt gibt es mehrere Möglichkeiten, den Teig weiter zu verarbeiten:

a) Den Teig auf einem vorbereitetem Backblech ausrollen. Den Teig an einem warmen Platz 20 Minuten abgedeckt gehen lassen.
Der Teig kann z.B. mit 100 g Butterflöckchen, 3 Esslöffeln Zucker und 50 g Mandelblättern bestreut werden.
Oder: Der Teig kann z.B. mit Pflaumen belegt werden.

b) Je nach Jahreszeit Eiernester oder Stutenkerle formen.

Eiernester:
- Aus dem Teig 8 dünne etwa 20 cm lange Rollen formen.
- Jeweils 2 Rollen miteinander verdrehen.
- Die Teigrollen zu Kränzen zusammenlegen.

Hefeteig (2/2)

Rezept-Ideen

- Die Kränze auf ein vorbereitetes Backblech legen und mit Milch bestreichen.
- Nach dem Backen ein hart gekochtes Ei in die Kränze setzen.

Stutenkerle:

- Den Teig in 4–5 Stücke schneiden.
- Jedes Stück zu einer Rolle formen.
- Die Rolle etwas flach drücken, und an den Seiten einschneiden und formen.

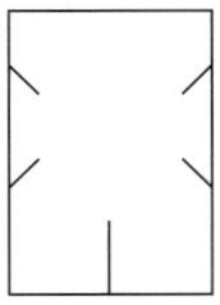

- Die Stutenkerle auf ein vorbereitetes Backblech legen und mit Milch bestreichen.
- Die Stutenkerle dann mit Hagelzucker, Rosinen, Nüssen usw. verzieren.

c) Den Teig statt Zucker nur mit ½ Teelöffel Salz zubereiten. Nun kann der Teig herzhaft als Pizza mit Tomatensoße, Oregano, weiteren Zutaten nach Wahl und geriebenem Käse belegt werden.

Den Teig auf der mittleren Einschubhöhe in den Backofen schieben.

Bei 200 °C ca. 10–15 Minuten backen (Garprobe mit einem Holzstäbchen machen).

© Verlag an der Ruhr • Postfach 10 22 51 • 45422 Mülheim an der Ruhr • www.verlagruhr.de • ISBN 978-3-8346-0451-4

Gartechnik Braten

Kapitel 8

Zeitbedarf

2 Unterrichtsstunden

Lernziele

- Die Schüler lernen die Gartechnik Braten kennen und wenden sie in der Praxis sachgerecht an.
- Sie informieren sich über verschiedene Bratpfannen und deren Merkmale.
- Die Schüler lernen verschiedene Fette kennen und überlegen, welche Fette zum Braten besonders gut geeignet sind.

Kopiervorlagen:

- Arbeitsblatt/Folie (Gruppe 1): Merkmale der Gartechnik Braten (S. 70)
- Arbeitsblatt/Folie (Gruppe 2): Tipps zum Braten (S. 71)
- Arbeitsblatt/Folie (Gruppe 3): Verschiedene Bratpfannenmodelle (S. 72)
- Folie für die Gruppe 3: Die verschiedenen Bratpfannenmodelle (S. 73)
- Arbeitsblatt/Folie (Gruppe 4): Fett ist nicht gleich Fett (S. 74)
- Arbeitsblatt: Die Gartechnik Braten sicher anwenden (S. 75)
- Rezept-Idee: Zucchinifrittata (S. 78)

Hinweise

Einstieg

Als Einstieg zeigt der Lehrer den Schülern eine oder mehrere Bratpfannen. Die Schüler sollen sich dazu äußern bzw. das Thema der Unterrichtsstunde „Gartechnik Braten" benennen.

Erarbeitung

In der Erarbeitungsphase werden verschiedene Aspekte des Themas in Gruppenarbeit themendifferenziert erarbeitet. Die Arbeitsaufträge für die verschiedenen Gruppen sollten zuvor auf Folie gezogen werden. **Gruppe 1** erarbeitet die typischen Merkmale der Gartechnik Braten und setzt sich außerdem mit den Nährstoffverlusten beim Braten auseinander. **Gruppe 2** informiert sich über die Gefahren beim Braten und stellt Tipps zum Umgang mit dieser Gartechnik zusammen. **Gruppe 3** befasst sich mit den verschiedenen Bratpfannenmodellen und stellt ihre typischen Merkmale zusammen. **Gruppe 4** erarbeitet die unterschiedlichen Merkmale der verschiedenen Fette. Nach der Erarbeitung präsentieren und diskutieren die Schüler ihre Ergebnisse mit Hilfe der Folien.

Festigung

Nach der Präsentation werden die Ergebnisse der einzelnen Gruppen mit Hilfe des Arbeitsblattes **„Die Gartechnik Braten sicher anwenden"** gefestigt.

Nahrungszubereitung

Die Schüler bereiten das Rezept **„Zucchinifrittata"** zu. Das in der Unterrichtsstunde Gelernte wird dabei praktisch geübt, da die Schüler die Gartechnik Braten anwenden müssen.

© knipseline/pixelio.de

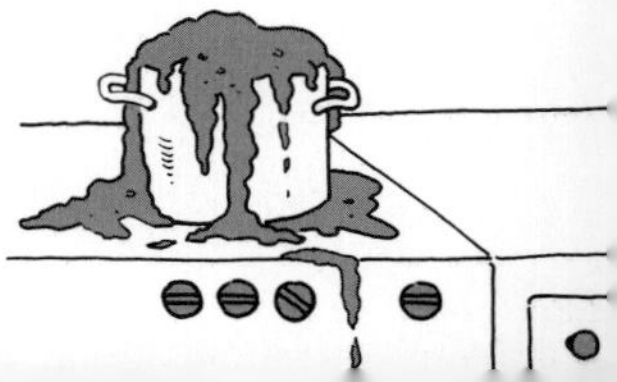

Merkmale der Gartechnik Braten (Gruppe 1)

Lest euch den Informationstext über die Merkmale der Gartechnik Braten aufmerksam durch. Erklärt anschließend euren Mitschülern diese Gartechnik.

Als Kochgeschirr benutzt ihr beim Braten eine **(Brat-)Pfanne**. Im Gegensatz zu einem Topf ist die Pfanne wesentlich flacher. Das Gargut kann mit einem **Bratenwender** gedreht werden.
Mit **wenig Fett** erhitzt ihr die Pfanne auf der Kochstelle. Gegart bzw. gebraten werden die Lebensmittel auf der Kochstelle bei **140 bis 200 °C**. Das Braten erfolgt **ohne Deckel**, damit der Wasserdampf entweichen kann.

Die Oberfläche von gebratenen Lebensmitteln ist gebräunt. Der Geschmack dieser Lebensmittel ist durch die Krustenbildung kräftig und würzig, da sich **Röststoffe** gebildet haben.

Ihr könnt Fleisch, Fisch, Kartoffeln und Pfannkuchen (Eierkuchen) braten. Größere Bratenstücke bratet ihr im Backofen. Beim Braten sind die **Nährstoffverluste** relativ hoch.

Angebranntes lässt sich lösen, indem ihr nach dem Braten vorsichtig heißes Wasser in die Pfanne füllt (kein kaltes Wasser verwenden, es kann das Fett zum Spritzen bringen: **Unfallgefahr!**). Die Pfanne stellt ihr dann auf die abgeschaltete, aber noch warme Herdplatte und lasst das Wasser kurz aufkochen. So löst sich das Angebrannte.

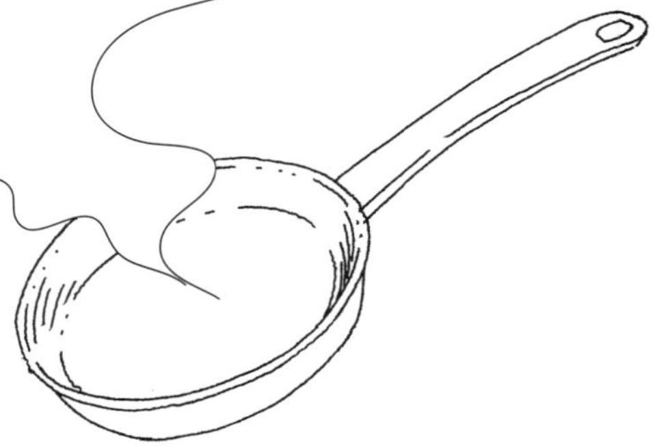

Tipps zum Braten (Gruppe 2)

Gartechnik Braten

Lest euch den Informationstext „Tipps zum Braten" aufmerksam durch. Erklärt anschließend euren Mitschülern, was beim Braten besonders zu beachten ist.

Beim Braten wird Fett in der Pfanne erhitzt und sehr heiß. Hier müsst ihr besonders aufpassen, denn es besteht **Unfallgefahr**. Fettspritzer können schlimme Verbrennungen verursachen. Zu heißes Fett fängt an, zu qualmen, und schließlich brennt es. **Brennendes Fett wird durch einen Pfannen- oder Topfdeckel erstickt.** Fett darf **n i e m a l s** mit Wasser gelöscht werden, sonst spritzt es aus der Pfanne.

Wenn ihr das Gargut in die Pfanne legt, sollte das Fett die **richtige Temperatur** haben, also recht heiß sein. Die richtige Temperatur des Fettes könnt ihr prüfen, indem ihr den Stiel von einem Holzlöffel oder ein rohes geschältes Kartoffelstück in das Fett haltet. Bilden sich Bläschen, hat das Fett die richtige Temperatur. Die **Poren** z.B. des Fleischstückes schließen sich dann beim Braten sofort, und das Gargut bleibt so innen saftig.

Das Gargut solltet ihr möglichst **trocken** in die Pfanne legen, damit kein Fett aus der Pfanne spritzt.

Nach dem Anbraten **verringert ihr die Temperatur** der Kochplatte, damit das Gargut nicht von außen verbrennt und das Fett durch weitere Erhitzung nicht anfängt, zu qualmen. Qualmendes Fett ist gesundheitsschädlich.

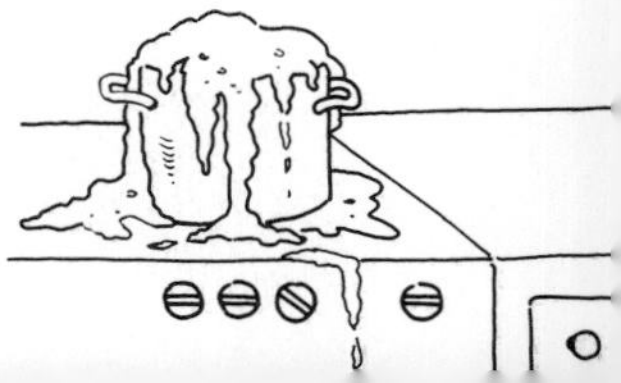

Verschiedene Bratpfannenmodelle (Gruppe 3)

Lest euch den Informationstext über verschiedene Bratpfannenmodelle aufmerksam durch. Erklärt anschließend euren Mitschülern die Unterschiede der Modelle und welche Pfanne(n) ihr in der Schulküche benutzt. Ihr könnt für eure Erläuterungen die Folie mit den verschiedenen Bratpfannenmodellen zu Hilfe nehmen.

Die **Teflonpfanne** erkennt ihr an der grauen oder schwarzen Innenbeschichtung. Das ist die Teflonbeschichtung. Wegen dieser Beschichtung braucht ihr kaum Fett zum Anbraten. Manche Teflonpfannen haben einen roten Punkt in der Mitte auf dem Boden, der anzeigt, wann sie heiß genug sind. Die Pfanne ist sehr leicht. Sie ist besonders geeignet für Lebensmittel, die in anderen Pfannen leicht anbrennen, wie z.B. Pfannkuchen (Eierkuchen) oder Fisch.

Die **Aluminiumpfanne** hat eine Antihaftversiegelung (nicht zu verwechseln mit der Teflon-Beschichtung). Auch sie ist sehr leicht. Ihre Oberfläche ist aber – im Gegensatz zur Teflonpfanne – sehr matt. Besonders geeignet ist sie zum Braten von Fisch und Fleisch. Das Gargut wird schön knusprig, klebt aber nicht am Boden fest. Die Pfanne ist für Gerichte mit langer Garzeit nicht so gut geeignet, in ihr brennt schnell etwas an. Aluminium- und Teflonpfannen könnt ihr mit einem weichen Schwamm und warmem Wasser reinigen.

Die **Stahlpfanne** erkennt ihr an ihrem silbernen Glanz. Die Stahlpfanne wird auch Universalpfanne genannt, weil man in ihr alles garen kann. Besonders geeignet ist sie für die Zubereitung von feinen Soßen. Diese Pfanne ist sehr pflegeleicht, denn ihr könnt sie mit Spülmittel und heißem Wasser spülen.

Die dunkle **Gusseisenpfanne** ist sehr schwer. Besonders geeignet ist sie für Frittata (italienisches Omlett) oder Steaks, denn wenn die Pfanne heiß ist, verliert sie kaum Hitze. Bei der Reinigung der Pfanne solltet ihr kein Spülmittel verwenden. Wischt die Pfanne nur mit einem feuchten Tuch aus, und trocknet sie dann mit einem Lappen.

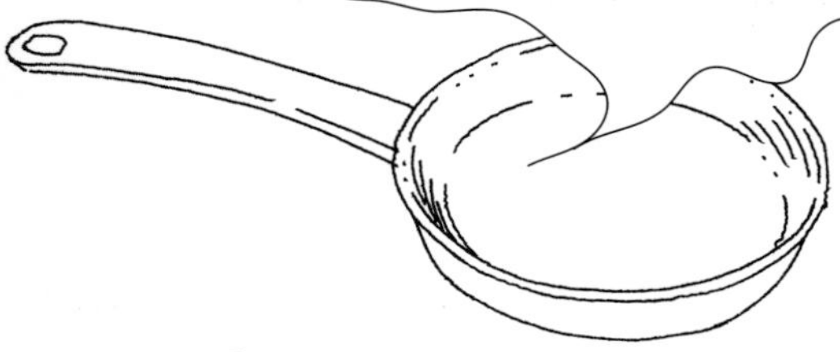

Die verschiedenen Bratpfannenmodelle

	Teflonpfanne
	Aluminiumpfanne
	Stahlpfanne
	Gusseisenpfanne

© Verlag an der Ruhr • Postfach 10 22 51 • 45422 Mülheim an der Ruhr • www.verlagruhr.de • ISBN 978-3-8346-0451-4

Fett ist nicht gleich Fett (Gruppe 4)

Gartechnik Braten

Lest euch den Informationstext „Fett ist nicht gleich Fett" aufmerksam durch. Erklärt anschließend euren Mitschülern die Unterschiede der Fette.

Es gibt ganz unterschiedliche Fette. **Fette** können **flüssig**, **weich** oder **fest** sein. Als **flüssige Fette** werden die Öle, wie z.B. Sonnenblumenöl oder Olivenöl, bezeichnet. Zu den **weichen Fetten** zählen z.B. Butter, Schmalz und Margarine. Kokosfett und Palmkernfett gehören zu den **festen Fetten**. Alle diese Fette sind für verschiedene Zwecke unterschiedlich gut geeignet, denn zum Backen oder Braten verwenden wir ein anderes Fett als für eine Salatsoße.

Zum Braten benötigen wir ein Fett, das **eiweiß- und wasserfrei** ist. Es sollte einen **hohen Rauchpunkt** haben. Das bedeutet, dass wir dieses Fett hoch erhitzen können, ohne dass es zu rauchen oder zu brennen beginnt.
Folgende Fette haben diese Eigenschaften und sind deshalb besonders gut zum Braten geeignet: **Butterschmalz** (aus Butter hergestellt: Wasser und Eiweiß wurden entzogen), **Kokosfett**, **Palmkernfett**. Auch **Pflanzenöl** können wir zum Braten benutzen. Aber Vorsicht: nicht alle Öle – wie z.B. Olivenöl oder Distelöl – sind zum Braten geeignet. Sie enthalten zwar kein Wasser, haben aber teilweise einen niedrigen Rauchpunkt. Butter oder Margarine sind eher nicht zum Braten geeignet, da sie Wasser und Eiweiß enthalten.

Grundsätzlich sind flüssige Fette (Öle) leichter verdaulich als feste Fette. Deswegen solltet ihr beim Braten Pflanzenöle bevorzugen.

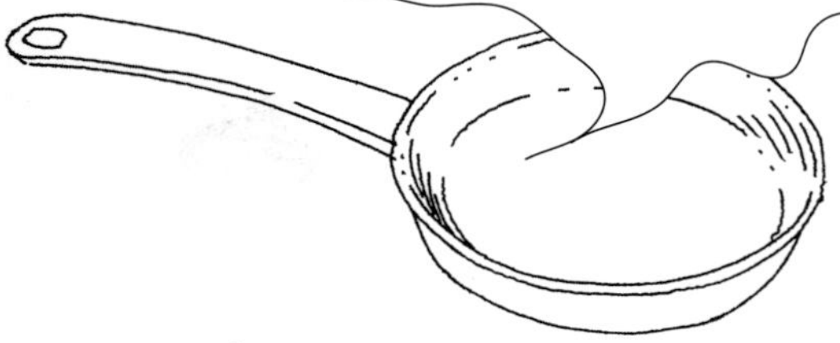

Die Gartechnik Braten sicher anwenden (1/3)

1. Bist du fit im Umgang mit der Gartechnik Braten? Teste dich, und fülle die Lücken im Text. Verwende folgende Wörter:

Unfallgefahr • hohen Rauchpunkt • Wasser • gebräunt • eiweiß- und wasserfrei • wenig Fett • Pfannen- oder Topfdeckel • Deckel • 140 bis 200 °C

Braten ist ein Garen und Bräunen mit ____________________ auf der Kochstelle bei ________________. Das Braten erfolgt in der Pfanne ohne ________________, damit der Wasserdampf entweichen kann. Die Oberfläche von gebratenen Lebensmitteln ist ________________. Zum Braten benötigen wir ein Fett, das ____________________ ist. Es sollte einen ________________ ____________ haben. Das bedeutet, dass wir dieses Fett hoch erhitzen können, ohne dass es zu rauchen oder zu brennen beginnt. Bei Anwendung der Gartechnik müsst ihr besonders aufpassen, denn es besteht ____________________! Fettspritzer können schlimme Verbrennungen verursachen. Zu heißes Fett fängt an, zu qualmen, und schließlich brennt es. Brennendes Fett wird durch einen ____________________ ____________________ erstickt. Fett darf n i e m a l s mit ____________ gelöscht werden, sonst spritzt es aus der Pfanne.

© Verlag an der Ruhr • Postfach 10 22 51 • 45422 Mülheim an der Ruhr • www.verlagruhr.de • ISBN 978-3-8346-0451-4

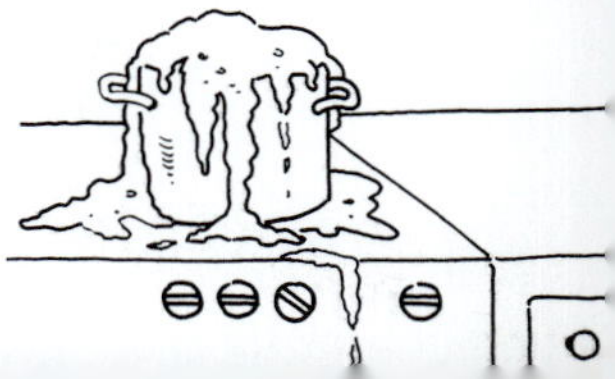

2. Wie heißen die verschiedenen Bratpfannen, und für welche Gerichte sind sie besonders geeignet? Verbinde die Abbildungen mit den richtigen Textfeldern.

a)

b)

c)

d)

Teflonpfanne	Gusseisenpfanne	Aluminiumpfanne	Stahlpfanne

Frittata oder Steaks	knuspriger Fisch und knuspriges Fleisch	Pfannkuchen oder Fisch (brennen in anderen Pfannen schnell an)	Alle Speisen und feine Soßen

© Verlag an der Ruhr • Postfach 10 22 51 • 45422 Mülheim an der Ruhr • www.verlagruhr.de • ISBN 978-3-8346-0451-4

Die Gartechnik Braten sicher anwenden (3/3)

3. Kennst du die Unterschiede der Fette? Kreuze an.

© Birgit Reitz-Hofmann/fotolia.com

Pflanzenöl ist …
- ☐ flüssig
- ☐ weich
- ☐ fest

Pflanzenöl ist zum Braten …
- ☐ gut geeignet
- ☐ eher nicht geeignet
- ☐ überhaupt nicht geeignet

Butter ist …
- ☐ flüssig
- ☐ weich
- ☐ fest

Butter ist zum Braten …
- ☐ gut geeignet
- ☐ eher nicht geeignet
- ☐ überhaupt nicht geeignet

© egal/fotolia.com

© Ratstuben/istockphoto.com

Olivenöl ist …
- ☐ flüssig
- ☐ weich
- ☐ fest

Olivenöl ist zum Braten …
- ☐ gut geeignet
- ☐ eher nicht geeignet
- ☐ überhaupt nicht geeignet

Palmkernfett ist …
- ☐ flüssig
- ☐ weich
- ☐ fest

Palmkernfett ist zum Braten …
- ☐ gut geeignet
- ☐ eher nicht geeignet
- ☐ überhaupt nicht geeignet

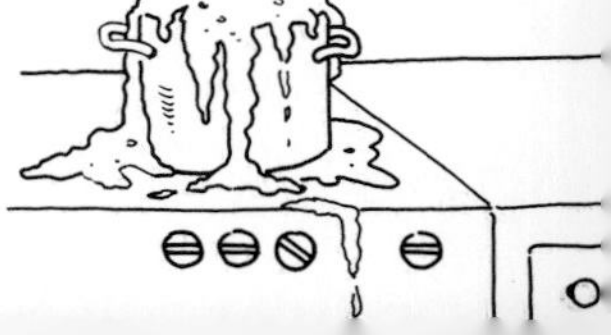

Zucchinifrittata

Rezept-Idee

Zutaten (für 4 Personen)

1 Zucchini
1 Zwiebel
Pflanzenöl
4–6 Eier
3 Esslöffel Sahne
Pfeffer
Salz
Thymian

© knipseline/pixelio.de

© Bettina Kopps/pixelio.de

© gerlinde/pixelio.de

Zubereitung

1. Die Zucchini putzen, waschen, längs halbieren und in dünne Scheiben schneiden. Die Zwiebel ebenfalls schälen und in Halbringe schneiden.
2. Das Pflanzenöl in einer Pfanne erhitzen, die Zucchini und Zwiebeln darin ca. 5 Minuten braten.
3. Die Eier mit Sahne und Gewürzen verquirlen.
4. Das Zucchinigemüse salzen und pfeffern. Den Eierguss über die Zucchini gießen. Die Hitze reduzieren und das Eiergemisch mit einem Deckel abdecken. Ca. 10 Minuten stocken lassen.

Guten Appetit

Der Dampfdrucktopf

Kapitel 9

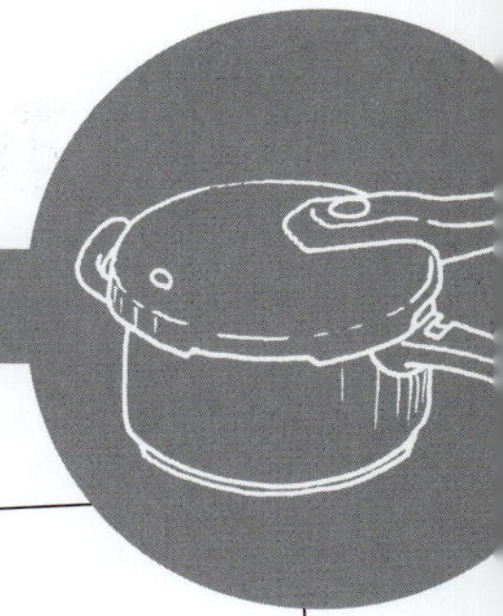

Zeitbedarf

2–3 Unterrichtsstunden

Lernziele

- Die Schüler lernen den Dampfdrucktopf kennen und üben, wie sie ihn sachgerecht und sicher bedienen.
- Sie erfahren, wie man mit dem Dampfdrucktopf Energie einspart und gleichzeitig die Garzeit der Speisen verkürzt.

Kopiervorlagen:

- Arbeitsblatt/Folie (Gruppe 1): Teile des Dampfdrucktopfes (S. 80) Arbeitsblatt/Folie: Der Dampfdrucktopf (S. 81)
- Arbeitsblatt/Folie (Gruppe 2): Befüllen und Schließen des Topfes (S. 82)
- Arbeitsblatt/Folie (Gruppe 3): Druckanzeige und Garzeiten (S. 83)
- Arbeitsblatt/Folie (Gruppe 4): Öffnen des Dampfdrucktopfes (S. 84)
- Arbeitsblatt: Kennst du den Dampfdrucktopf? (S. 85)
- Rezept-Idee: Erbsensuppe im Dampfdrucktopf (S. 87)
- Rezept-Idee: Linsensuppe im Dampfdrucktopf (S. 88)

Hinweise

Einstieg

Als Einstieg zeigt der Lehrer den Schülern einen Dampfdrucktopf. Die Schüler sollen sich dazu äußern. Möglicherweise thematisieren sie Unfälle, die im Umgang mit dem Dampfdrucktopf geschehen sind oder passieren könnten. Der Lehrer sollte darauf hinweisen, dass bei einem sachgerechten Umgang keine Unfallgefahren von dem Dampfdrucktopf ausgehen.

Erarbeitung & Festigung

Die Erarbeitung erfolgt in themendifferenzierter Gruppenarbeit: Die Gruppen erarbeiten arbeitsteilig unterschiedliche Aspekte des Themas „Kochen mit dem Dampfdrucktopf".

Alle Gruppen erhalten für die Erarbeitung einen Arbeitsauftrag sowie einen Informationstext. **Gruppe 1** erarbeitet bei der Gruppenarbeit, wie die einzelnen Teile des Dampfdrucktopfes heißen. Die Gruppe benötigt dazu die Folie **„Der Dampfdrucktopf"** und die entsprechenden Folienkärtchen, die sich auf dem Arbeitsblatt für Gruppe 1 befinden. **Gruppe 2** braucht für die Erarbeitung und spätere Demonstration ihrer Ergebnisse einen realen Dampfdrucktopf, da sie sich über das sachgerechte Befüllen und Schließen des Topfes informiert. **Gruppe 3** erarbeitet Informationen zum Druckanzeiger des Dampfdrucktopfes und vergleicht die Garzeiten zwischen einem „normalen" Kochtopf und dem Dampfdrucktopf. **Gruppe 4** erarbeitet, wie man den Dampfdrucktopf sachgerecht öffnet.

In der Auswertungsphase präsentieren und diskutieren die Schüler ihre Ergebnisse. Nach der Präsentation werden die Ergebnisse mit Hilfe des Arbeitsblattes **„Kannst du den Dampfdrucktopf sachgerecht bedienen?"** gesichert. Das Arbeitsblatt kann auch als Hausaufgabe eingesetzt werden. Die Ergebnisse der Gruppe 2 und Gruppe 3 werden nicht schriftlich auf dem Arbeitsblatt abgefragt. Sie werden aber in der Nahrungszubereitung in der praktischen Umsetzung geübt.

Nahrungszubereitung

Die Schüler bereiten **Erbsensuppe** oder **Linsensuppe** im Dampfdrucktopf zu. Dabei wenden sie ihr zuvor erworbenes Wissen praktisch an und üben, wie man den Dampfdrucktopf sachgerecht (und damit sicher) bedient.

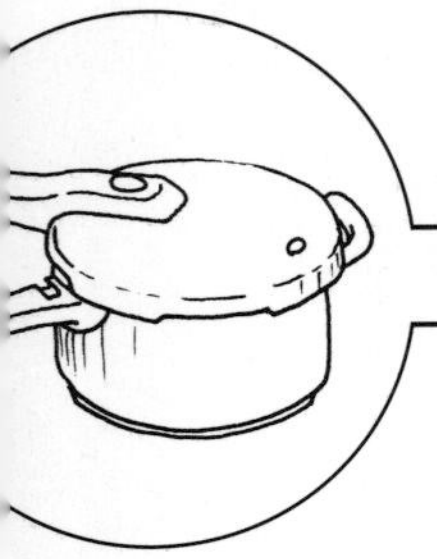

Teile des Dampfdrucktopfes (Gruppe 1)

Der Dampfdrucktopf

Lest euch den Informationstext über die (Bedienungs-)Teile des Dampfdrucktopfes aufmerksam durch. Erklärt anschließend euren Mitschülern, wie die einzelnen Teile des Dampfdrucktopfes aussehen und heißen, indem ihr die Kärtchen an die richtige Stelle der Abbildung auf der Folie „Der Dampfdrucktopf" einordnet.

Bei **Dampfdrucktöpfen** gibt es mittlerweile viele Hersteller. Deswegen können sie alle etwas anders aussehen. In ihrer Funktion unterscheiden sie sich aber nicht.

Seitlich vom Dampfdrucktopf sind die **Topfgriffe**. Bei manchen Dampfdrucktöpfen sehen die beiden Griffe unterschiedlich aus: Der eine ist wie bei einem herkömmlichen Kochtopf geformt, der andere wie bei einem Stieltopf. Der **Topfboden** sieht wie bei anderen Töpfen aus.

Der **Deckel** des Dampfdrucktopfes hat einen **Deckelgriff** und einen **Schieber** zum Entriegeln des Deckels. Auf dem Deckelgriff befindet sich der Druckanzeiger. Das **Hauptventil** zeigt die Stufe des **Druckanzeigers** an und reguliert den Innendruck.

Der **Dichtungsring** sitzt im Topfdeckel. Hier befindet sich auch das **Überdruckventil**, das für die Sicherheit zuständig ist. Bei zu viel Druck im Topf lässt das Ventil Dampf entweichen. Das Überdruckventil ist meist etwas kleiner als das Hauptventil.

Folienkärtchen für Gruppe 1

Topfboden	Topfgriff
Topfgriff	Deckelgriff
Hauptventil	Topfdeckel
Druckanzeiger	Dichtungsring
Überdruckventil	Schieber

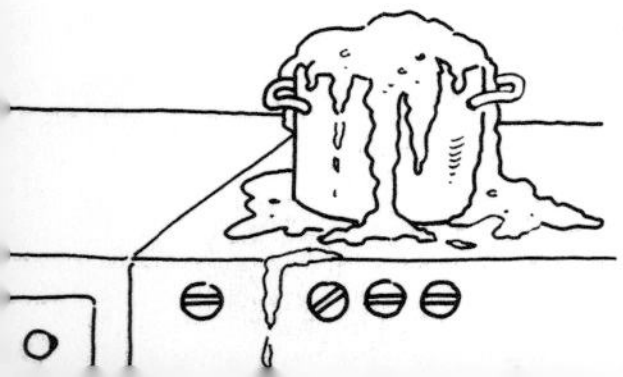

Der Dampfdrucktopf

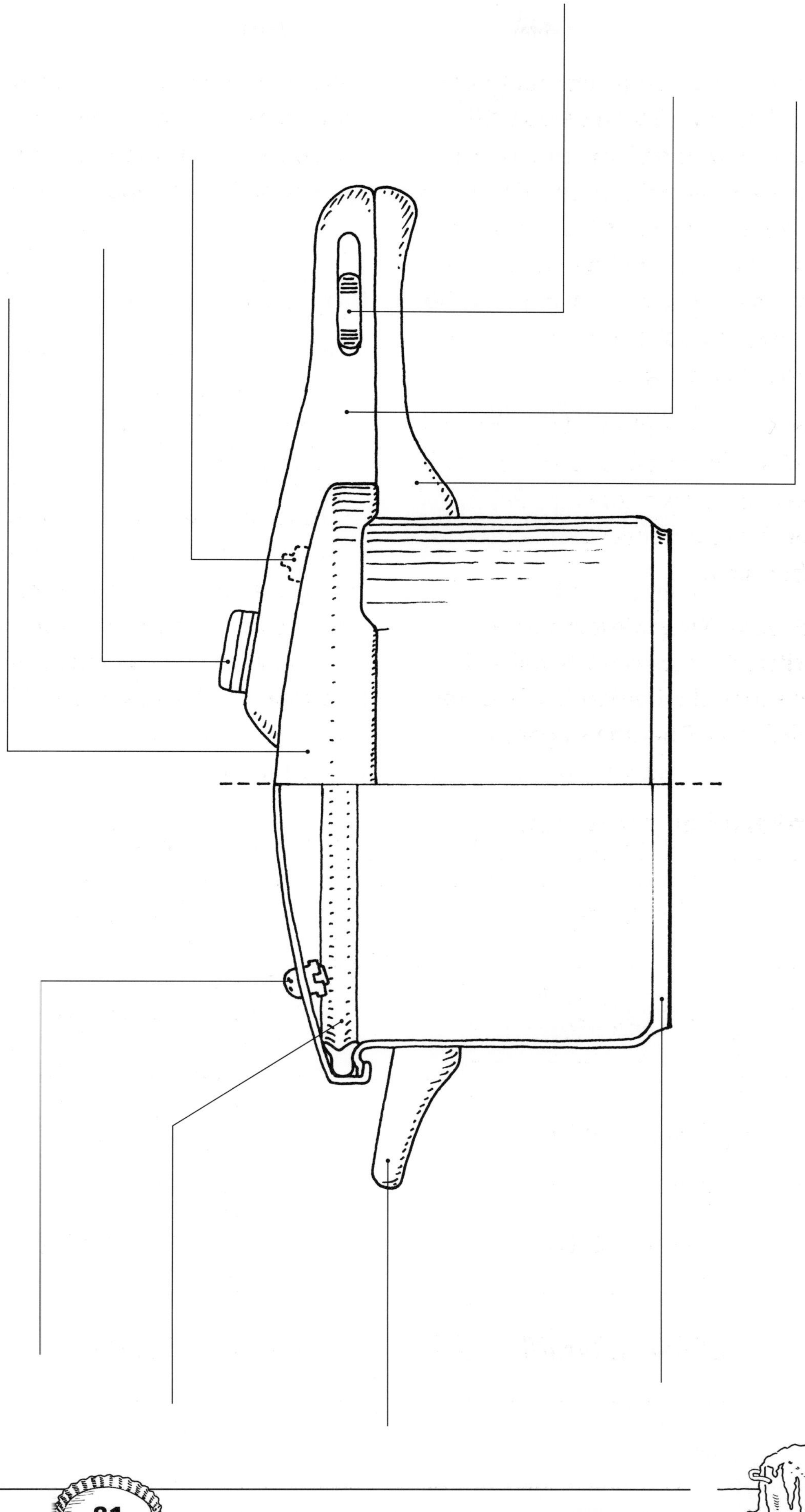

Befüllen und Schließen des Topfes (Gruppe 2)

Lest euch den Informationstext über das sachgerechte Befüllen und Schließen des Dampfdrucktopfes aufmerksam durch. Erklärt anschließend euren Mitschülern mit Hilfe eines Dampfdrucktopfes, wie man den Topf richtig befüllt und schließt.

Zuerst wird geprüft, ob der **Dichtungsring** richtig im Topfdeckel sitzt.

Dann wird **Flüssigkeit** in den Topf gegeben (mindestens ¼ Liter). Dies ist unbedingt nötig, weil sich nur mit Flüssigkeit Dampf entwickeln kann. Stark schäumende Speisen dürfen nicht im Drucktopf gegart werden, weil diese das **Überdruckventil** verstopfen können.

Zum **Schließen** des Topfes wird der Deckel an der Markierung auf den abgewischten (!) Topfrand gesetzt. Topfgriff und Deckelgriff liegen noch nicht übereinander. Dann schließt ihr den Topf durch Drehen des Deckels, sodass Topfgriff und Deckelgriff jetzt übereinander liegen.
Jetzt wird der Deckel durch den Schieber verriegelt.

Stellt nun den Topf auf die Herdplatte, und schaltet die Platte auf die höchste Stufe. Beobachtet den Druckanzeiger.

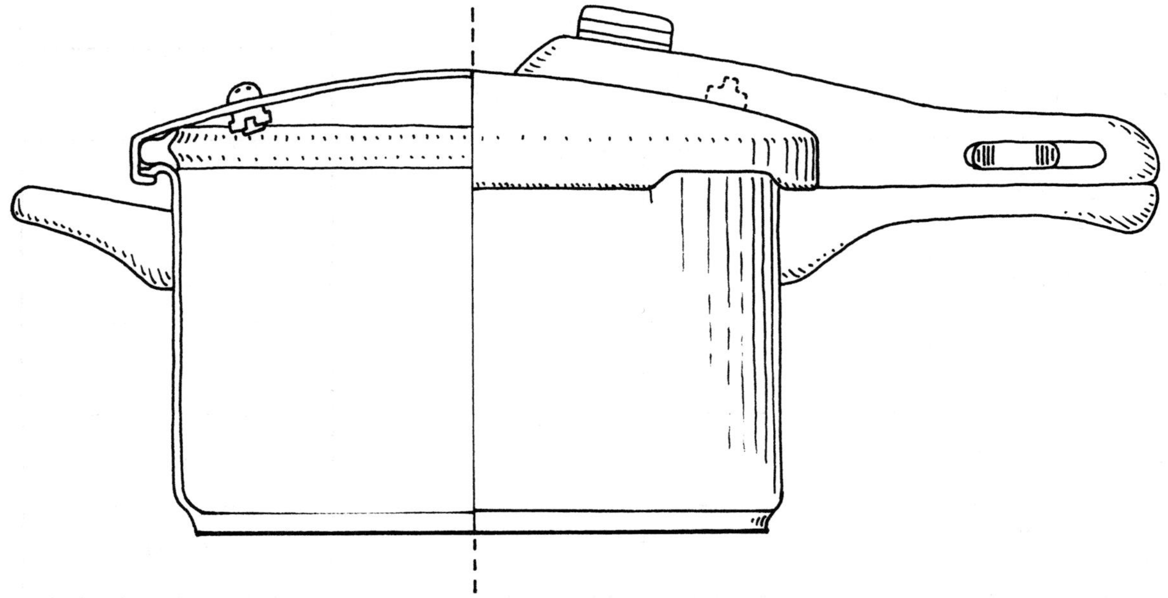

Druckanzeige und Garzeiten (Gruppe 3)

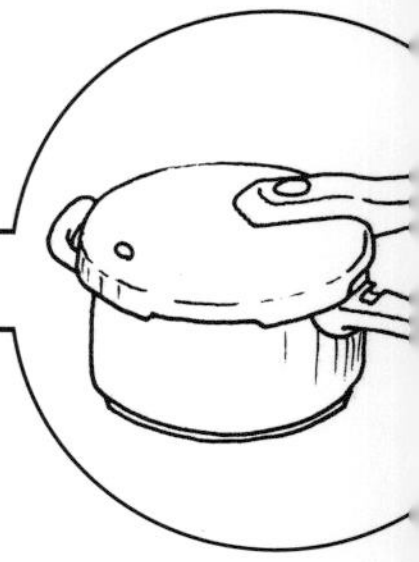

Lest euch den Informationstext über den Druckanzeiger und die Garzeiten beim Kochen mit dem Dampfdrucktopf aufmerksam durch, und füllt dann die unten stehende Tabelle aus. Erklärt anschließend euren Mitschülern den Druckanzeiger sowie die unterschiedlichen Garzeiten der Gerichte. (Erklärt auch, was im Innern des Topfes passiert).

Sobald sich der **Druckanzeiger** des Dampfdrucktopfes nach oben aus dem Deckelgriff schiebt, sollte man die Wärmezufuhr der Herdplatte niedrig stellen. Im Innern des Topfes hat sich durch die kochende Flüssigkeit Dampf gebildet. Dieser kann nicht entweichen und füllt den gesamten Innenraum des Topfes aus. Hierdurch entsteht **Überdruck** im Temperaturbereich von ca. 100 bis 120 °C im Topf.

Der Druckanzeiger hat **zwei Stufen**. Ist die jeweilige Stufe erreicht, beginnt die eigentliche Garzeit. Auf der ersten Stufe werden empfindliche Lebensmittel schonend gegart, z.B. Fisch, empfindliches Obst und Gemüse. Auf der zweiten Stufe werden Eintöpfe, Fleisch oder Gemüse mit fester Struktur, z.B. Kartoffeln, gegart.

Besonders bei Gerichten mit langen Garzeiten lohnt sich der Einsatz des Dampfdrucktopfes, denn **die Hälfte der eigentlich benötigten Energie** wird eingespart. Die **Garzeit** im Dampfdrucktopf ist **auf ein Drittel verkürzt**.

Stufen des Druckanzeigers und Garzeiten im Vergleich

Gericht	Stufe des Druckanzeigers	Garzeit (Minuten) im Dampfdrucktopf	Garzeit (Minuten) im Kochtopf
Geflügelbrühe		45	
Gefüllte Paprikaschoten		16	
Ganze Fische			21
Grünkohl		23	
Zucchini			12
Kompott			6–9

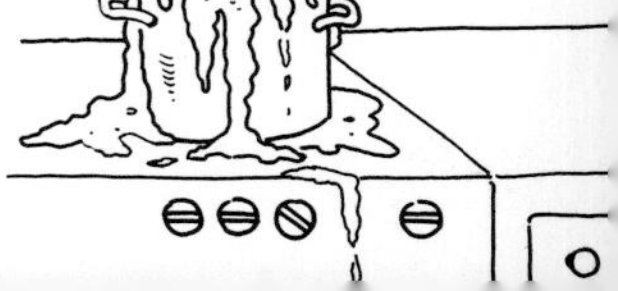

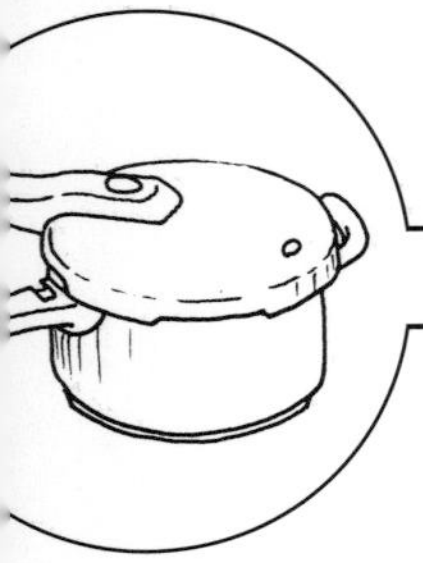

Öffnen des Dampfdrucktopfes (Gruppe 4)

Der Dampfdrucktopf

Lest euch den Informationstext über das Öffnen des Dampfdrucktopfes aufmerksam durch, und bringt die Bildkärtchen in die richtige Reihenfolge. Erklärt anschließend euren Mitschülern mit Hilfe der Bildkärtchen die sachgerechte Öffnung des Dampfdrucktopfes.

Nach Ende der Garzeit gibt es mehrere Möglichkeiten, den **Dampfdrucktopf** zu **öffnen**. Grundsätzlich wartet man erst einige Sekunden vor jedem Öffnen, rüttelt den Topf kurz und öffnet ihn erst dann. Der Dampfdrucktopf darf niemals mit Gewalt bzw. unter Druck geöffnet werden!

Nehmt den Topf nun von der Herdplatte. Jetzt gibt es mehrere Möglichkeiten zum Öffnen des Topfes:

1. Wartet mit dem Öffnen so lange, bis der **Druckanzeiger vollständig im Topfdeckel verschwunden** ist. Dies ist die sicherste Methode zum Öffnen des Topfes.
2. Stellt den Dampfdrucktopf in die Spüle, und lasst so lange **kaltes Wasser über den Deckel laufen**, bis der Druckanzeiger vollständig im Topfdeckel verschwunden ist. Jetzt könnt ihr den **Deckel durch den Schieber entriegeln**. Dazu schiebt ihr den Topfgriff und Deckelgriff auseinander. Nun kann der Topf geöffnet werden.

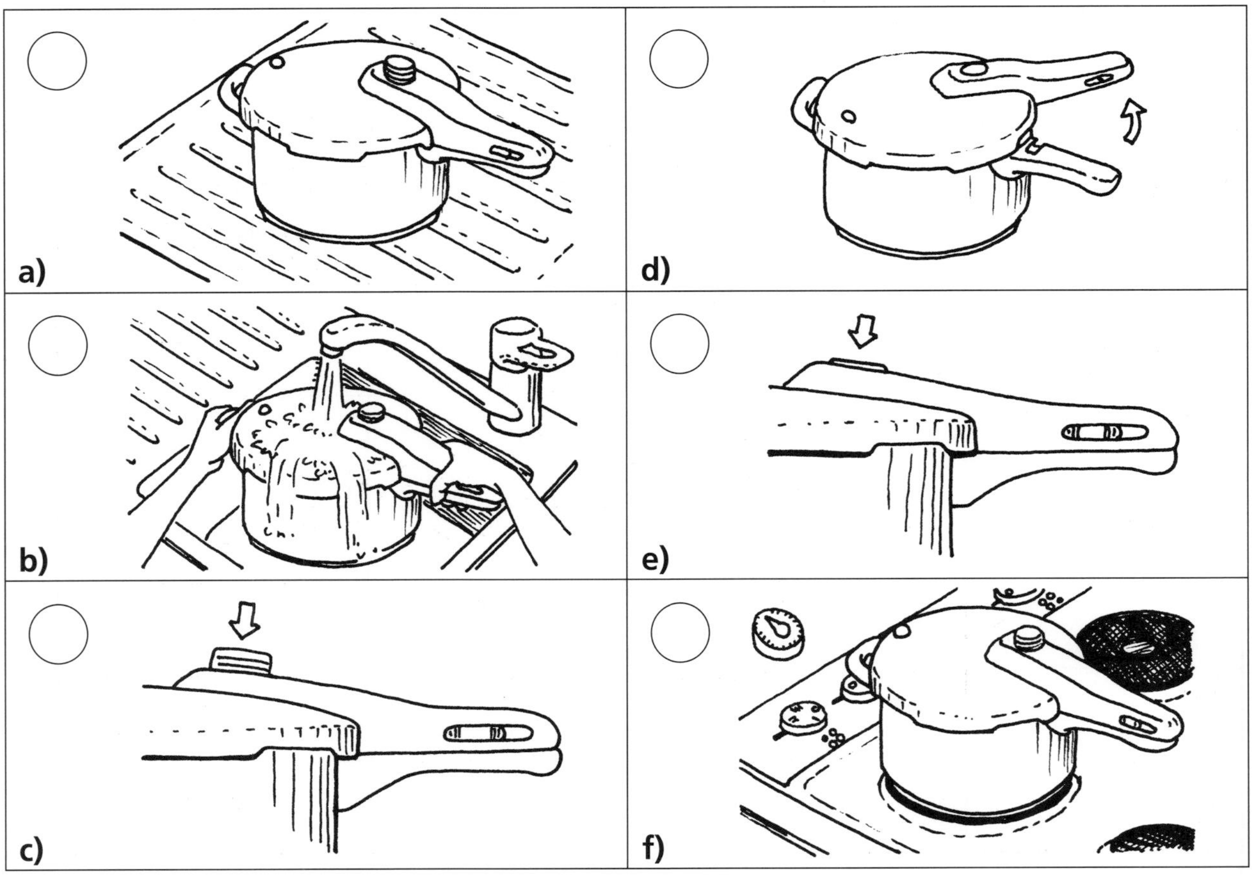

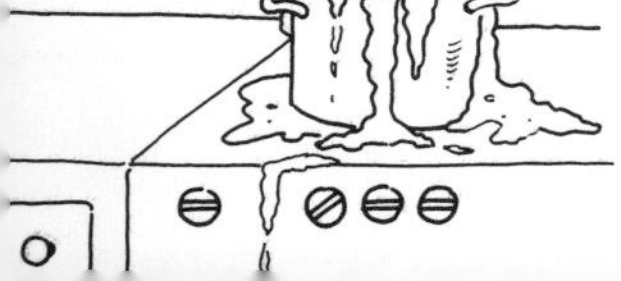

Kennst du den Dampfdrucktopf? (1/2)

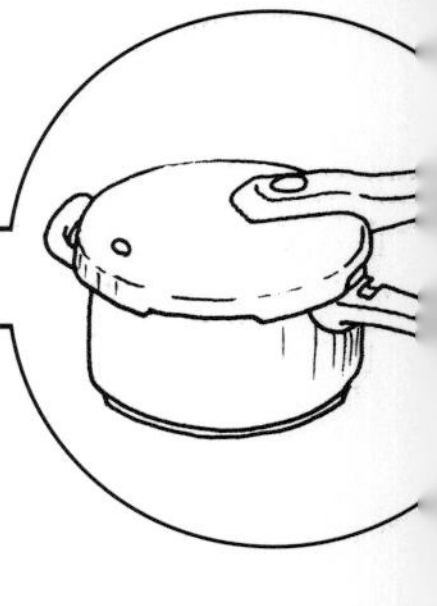

Dampfdruckgaren ist ein Garen durch Kochen, Dünsten, Dämpfen oder Schmoren in einem dicht verschlossenen Gefäß mit Überdruck und 100 bis 120 °C.

1. Fülle die Lücke aus.

Grundsätzlich gilt: Die Garzeit ist im Dampfdrucktopf auf

______________________________ verkürzt.

2. Beschrifte die (Bedienungs-)Teile des Dampfdrucktopfes.

Topfboden • Topfdeckel • Topfgriff • Druckanzeiger • Topfgriff • Dichtungsring • Deckelgriff • Überdruckventil • Hauptventil • Schieber

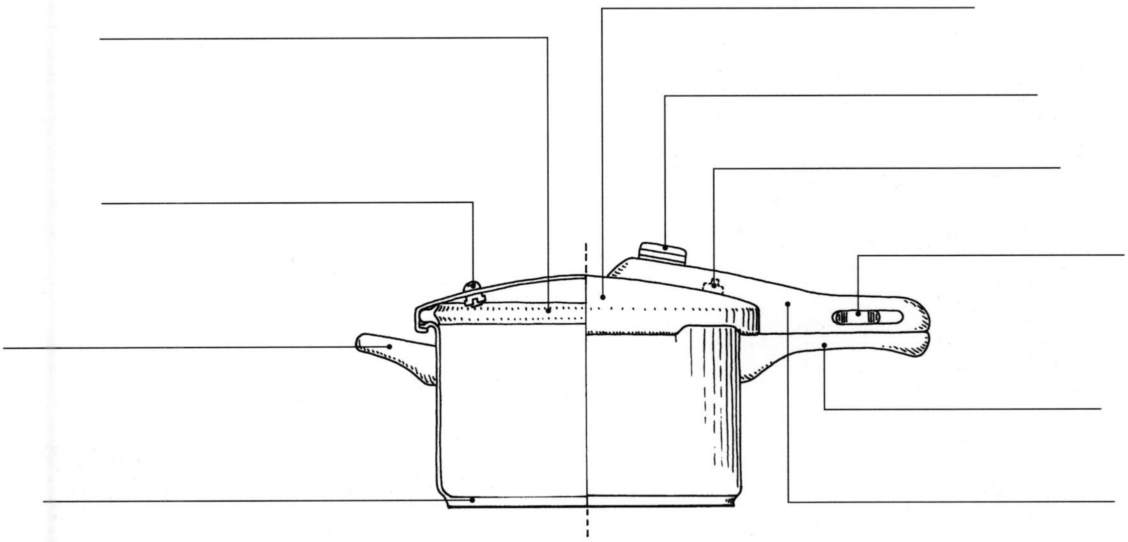

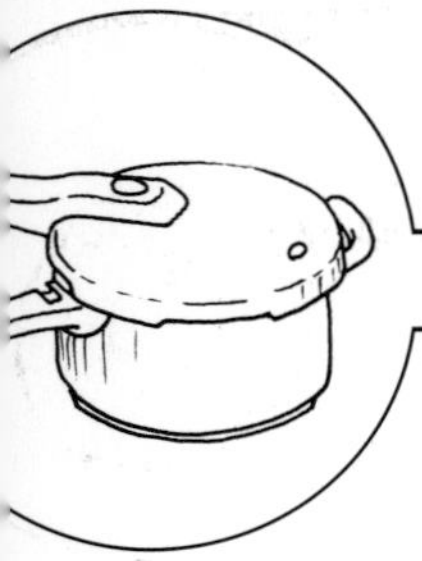

Kennst du den Dampfdrucktopf? (2/2)

Der Dampfdrucktopf

3. Wie wird der Dampfdrucktopf sachgerecht durch Abdampfen geöffnet? Ordne den Bildern die entsprechenden Beschriftungen zu.

a) *Dampfdrucktopf in die Spüle stellen. Kaltes Wasser über den Deckel laufen lassen.*

b) *Dampfdrucktopf vom Herd nehmen.*

c) *Druckanzeiger ist vollständig im Topfdeckel verschwunden.*

d) *Deckel durch den Schieber entriegeln; Topfgriff und Deckelgriff auseinanderschieben.*

e) *Druckanzeiger zeigt den Druck an. Niemals den Topf unter Druck öffnen!*

f) *Garzeit ist beendet.*

1

2

3

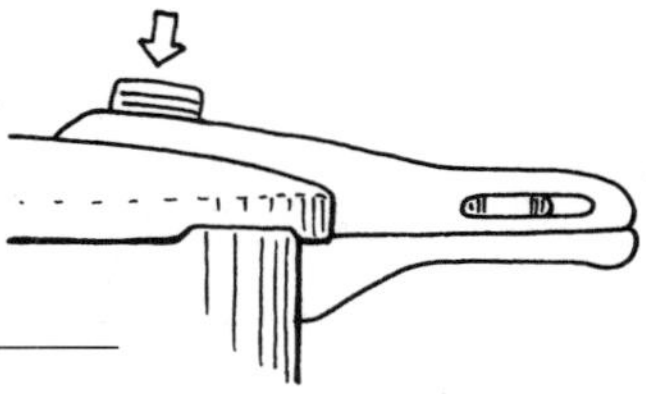

4

5

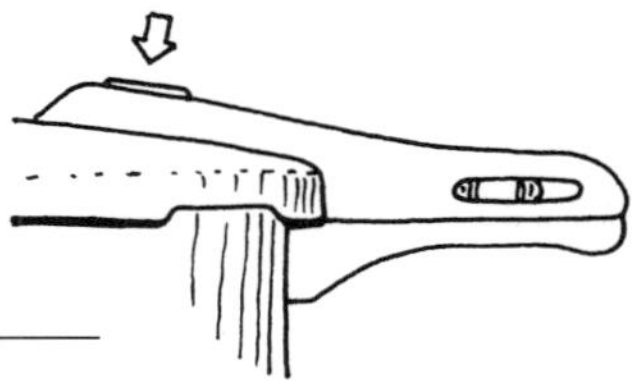

6

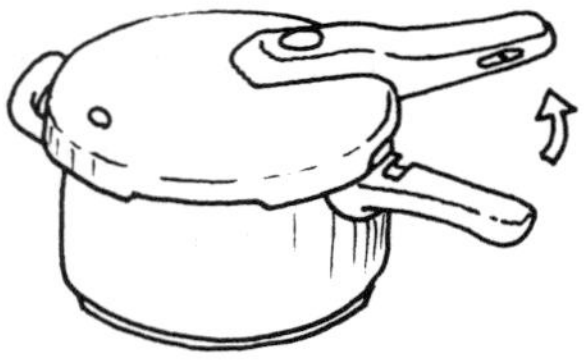

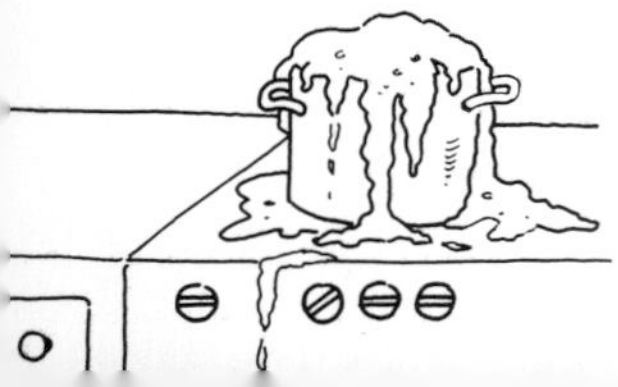

© Verlag an der Ruhr • Postfach 10 22 51 • 45422 Mülheim an der Ruhr • www.verlagruhr.de • ISBN 978-3-8346-0451-4

Erbsensuppe im Dampfdrucktopf

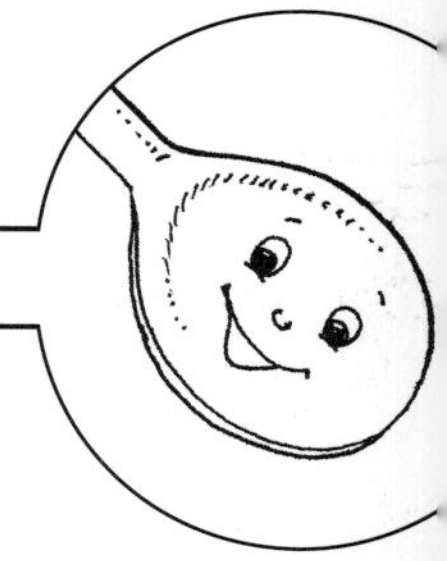

Rezept-Idee

Zutaten (für 4 Personen)

1 große Dose Erbsen

¾ Liter Wasser

4 Mettendchen

1 Stange Porree

4–5 Kartoffeln

1 Päckchen Suppengrün (tiefgekühlt)

1 Teelöffel Salz

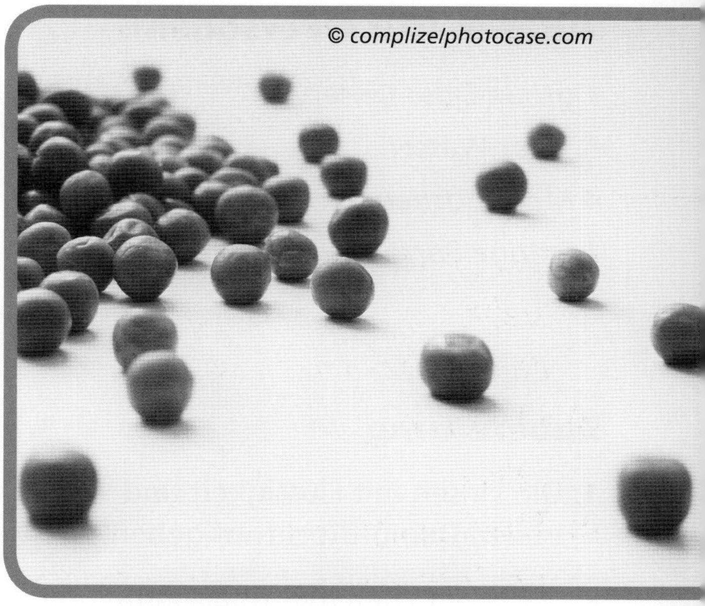

© complize/photocase.com

Zubereitung

1. Die Erbsen mit Flüssigkeit und Wasser in den Dampfdrucktopf geben.
2. Die Würstchen mehrmals mit einer Gabel einstechen und in den Topf geben.
3. Vom Porree das äußere Blatt, die Wurzelhaare und trockene Blattspitzen entfernen. Die Porreestange längs halbieren. Die Porreehälften von der Wurzel zur Spitze mit Wasser durchspülen. Den Porree in Ringe schneiden und in den Dampfdrucktopf geben.
4. Die Kartoffeln waschen, schälen und in kleine Würfel schneiden. Auf den Porree in den Schnellkochtopf geben.
5. Das Suppengrün und Salz in den Kochtopf zu den übrigen Zutaten geben. Den Dampfdrucktopf schließen und auf die eingeschaltete Herdplatte stellen. Nach Erscheinen des zweiten Ringes des Druckanzeigers die Suppe 10 Minuten garen.

Den Dampfdrucktopf bei Erbsensuppe nicht schnell abdampfen, sondern warten, bis sich der Druckanzeiger gesenkt hat!

Guten Appetit

Linsensuppe im Dampfdrucktopf

Rezept-Idee

Zutaten (für 4 Personen)

1 große Dose Linsen
¾ Liter Wasser
4 Mettendchen
1 Stange Porree
4–5 Kartoffeln
1 Päckchen Suppengrün (tiefgekühlt)
1 Teelöffel Salz

Zubereitung

1. Die Linsen mit Flüssigkeit und Wasser in den Dampfdrucktopf geben.
2. Die Würstchen mehrmals mit einer Gabel einstechen und in den Topf geben.
3. Vom Porree das äußere Blatt, die Wurzelhaare und trockene Blattspitzen entfernen. Die Porreestange längs halbieren. Die Porreehälften von der Wurzel zur Spitze mit Wasser durchspülen. Den Porree in Ringe schneiden und in den Dampfdrucktopf geben.

© Twilight_Art_Pictures/fotolia.com

4. Die Kartoffeln waschen, schälen und in kleine Würfel schneiden. Auf den Porree in den Schnellkochtopf geben.
5. Das Suppengrün und Salz in den Kochtopf zu den übrigen Zutaten geben. Den Dampfdrucktopf schließen und auf die eingeschaltete Herdplatte stellen. Nach Erscheinen des zweiten Ringes des Druckanzeigers die Suppe 10 Minuten garen.

Den Dampfdrucktopf bei Linsensuppe nicht schnell abdampfen, sondern warten, bis sich der Druckanzeiger gesenkt hat!

Guten Appetit

Verschiedene Gartechniken

Kapitel 10

Kopiervorlagen:

- Kartenspiel: Gartechniken (S. 91)
- Arbeitsblatt: Gartechniken: Wer weiß Bescheid? (S. 101)
- Arbeitsblatt (alternativ): Welche Gartechnik wenden wir heute an? (S. 103)
- Rezept-Idee: Milchreis (S. 104)

Zeitbedarf

2 Unterrichtsstunden

Lernziele

- Die Schüler erhalten einen Überblick über die verschiedenen Gartechniken.
- Sie benennen verschiedene Gartechniken und ihre Kennzeichen und wenden sie in der Praxis sachgerecht an.
- Alternativ lernen die Schüler eine ausgewählte Gartechnik kennen und wenden sie in der Praxis sachgerecht an.

Hinweise

Vorbereitung & Einstieg

In dieser Lerneinheit erhalten die Schüler entweder einen **allgemeinen Überblick über die verschiedenen Gartechniken,** oder sie behandeln **eine ausgewählte Gartechnik**. Soll den Schülern ein allgemeiner Überblick über die verschiedenen Gartechniken vermittelt werden, sollte die Unterrichtseinheit mit der Nahrungszubereitung beginnen. Die Garzeit wird dabei für die theoretische Erarbeitung des Unterrichtsinhaltes genutzt.

Für den Einstieg wird das Kartenspiel **„Gartechniken"** verwendet. Die Spielkarten werden von dem Lehrer kopiert, laminiert und zerschnitten. Für jede Gruppe wird farblich unterschiedliches Kopierpapier verwendet. In dem Kartenspiel werden die zehn Gartechniken Kochen, Dünsten, Dämpfen, Quellen, Braten, Schmoren, Dampfdruckgaren, Backen, Grillen und Frittieren thematisiert. Das Kartenspiel besteht aus 60 Karten. Zu jeder Gartechnik gehören sechs Karten. Mit Hilfe der Karten werden die Gartechniken benannt und erklärt, geeignete Geschirre bzw. Geräte und Anwendungsbeispiele aufgezählt sowie Besonderheiten der jeweiligen Gartechnik erläutert.

Das Kartenspiel wird den Schülern ausgehändigt. Es können 2–6 Personen pro Spiel mitspielen. Zunächst sollen sich die Schüler das Kartenspiel ansehen und dadurch das Thema der Stunde benennen.

Erarbeitung & Festigung

Die Erarbeitungsphase erfolgt in Gruppenarbeit mit Hilfe des Kartenspiels **„Gartechniken"** (Spielregeln s. S. 90).

Zur Sicherung der Ergebnisse (für den allgemeinen Überblick über die verschiedenen Gartechniken) dient das Arbeitsblatt **„Gartechniken: Wer weiß Bescheid?"**. Die Bearbeitung des Arbeitsblattes kann sowohl in Einzelarbeit als auch in Gruppenarbeit erfolgen. Ebenso ist es denkbar, dass die Schüler es als Hausaufgabe bearbeiten.
Die Schüler erhalten sowohl das Arbeitsblatt als auch die Textkärtchen als kopierte Blätter. Diese müssen von ihnen ausgeschnitten und an die entsprechende Stelle auf dem Arbeitsblatt geklebt werden. Mit Hilfe des Lösungswortes können die Schüler ihre Ergebnisse selbstständig kontrollieren.

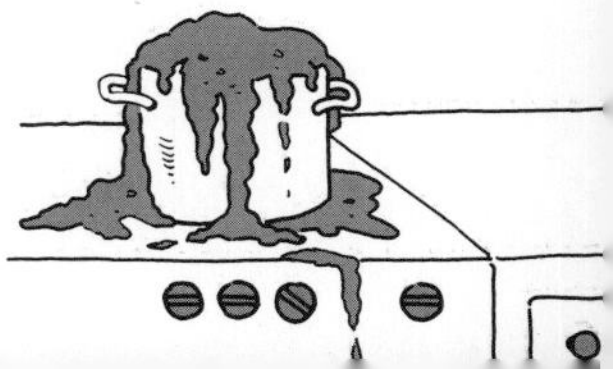

Wird **alternativ eine ausgewählte Gartechnik** (z.B. Quellen) **besprochen**, erfolgt die Nahrungszubereitung am Ende der Lerneinheit. Sie finden in diesem Buch eine Rezept-Idee für die Gartechnik Quellen. Mit einem entsprechenden Rezeptblatt bietet sich jedoch auch die Möglichkeit, jede andere Gartechnik zu behandeln. Einstieg und Erarbeitung erfolgen bei der Behandlung einer ausgewählten Gartechnik wie oben beschrieben. Anschließend behalten die Schüler das Kartenspiel und erhalten zusätzlich das jeweilige Rezeptblatt sowie das Arbeitsblatt **„Welche Gartechnik wenden wir heute an?"**. Die Schüler finden in ihrer Gruppe mit Hilfe der zuvor erworbenen Kenntnisse über die Gartechniken und dem Rezeptblatt heraus, welche Gartechnik sie für die sachgerechte Zubereitung des Rezeptes anwenden müssen. Im Lehrer-Schüler-Gespräch werden die Ergebnisse gesichert.

© Eva Kahlmann/fotolia.com

Nahrungszubereitung

Die Schüler bereiten z.B. das Rezept **„Milchreis"** zu. Sie lernen dabei die Gartechnik „Quellen" kennen und wenden sie sachgerecht an. Soll eine andere ausgewählte Gartechnik in der Unterrichtsstunde besprochen werden, so muss die Rezept-Idee entsprechend abgewandelt werden.

Spielregeln für das Kartenspiel „Gartechniken"

Zu Beginn erhält jeder Spieler 6 Karten. Die restlichen Karten werden umgedreht auf einen Stapel gelegt. Die oberste Karte des Stapels wird aufgedeckt. Der erste Spieler wählt, ob er die aufgedeckte Karte haben möchte oder ob er lieber eine neue zugedeckte Karte vom Stapel zieht. Nachdem der Spieler eine Karte erhalten hat, muss er eine von seinen Karten abgeben und auf den Stapel der aufgedeckten Karten legen. Der nächste Spieler kann nur zwischen ihr oder einer Karte vom zugedeckten Stapel wählen. Ziel des Spiels ist es, die Karten so schnell wie möglich abzulegen. Um die Spielkarten abzulegen, können „Straßen" gebildet werden. Zu einer „Straße" gehören 6 Karten mit jeweils gleichem Zeichen. Um eine Straße abzulegen, muss diese aus mindestens 3 aufeinanderfolgenden Karten (z.B. 2, 3, 4) bestehen. Abgelegte Karten werden laut vorgelesen. An diese Straße kann auch von anderen Spielern angebaut werden (z.B. mit der 1), wenn sie an der Reihe sind.

Hat ein Spieler alle Karten abgelegt, hat er gewonnen.

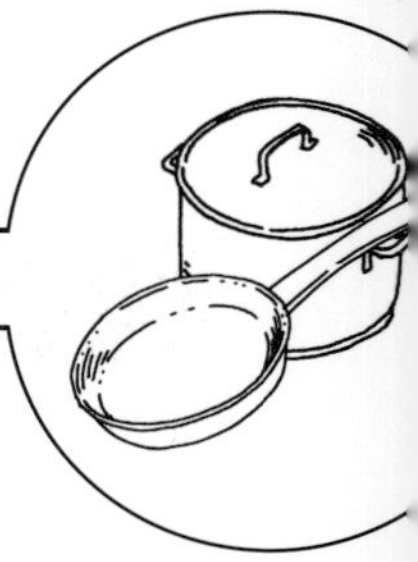

Gartechnik:

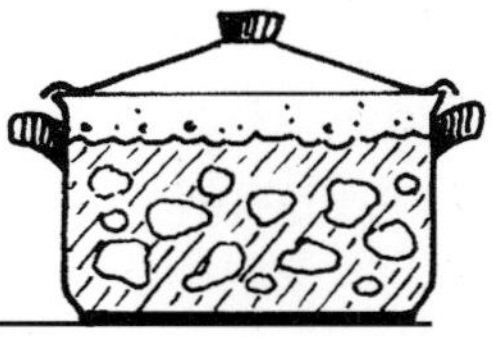

KOCHEN

❶

Erklärung:

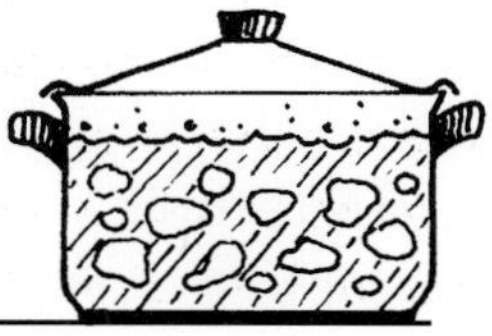

KOCHEN ist ein …

… Garen in viel siedender Flüssigkeit bei 100 °C im geschlossenen Topf.

❷

zum KOCHEN geeignete Geschirre/Geräte:

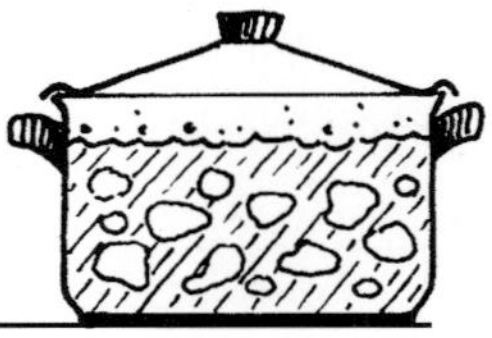

- Kochtopf
- Dampfdrucktopf

❸

Anwendungs-beispiele:

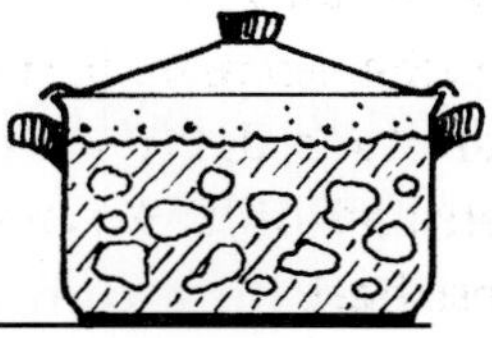

- Suppen
- Eier
- Suppenhuhn
- Spargel

❹

Nährstoffverluste:

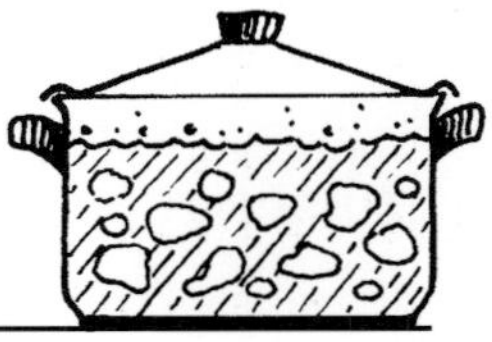

Bei dieser Gartechnik sind die Nährstoffverluste höher als bei anderen Gartechniken.

❺

zu beachten:

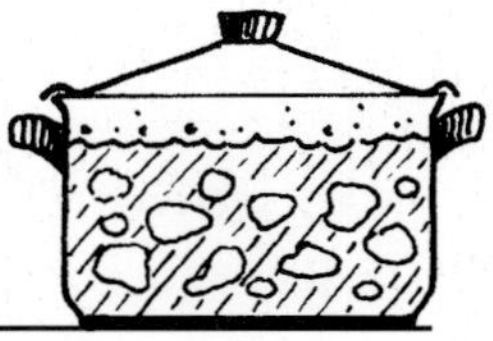

- restliches Kochwasser möglichst weiterverwenden (z.B. für Soßen, Suppen)
- mögliche Flüssigkeiten: Wasser, Brühe, Wein
- gut schließende Töpfe wählen

❻

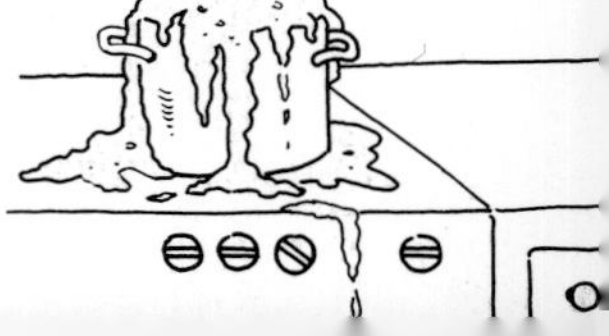

Kartenspiel: Gartechniken (2/10)

Verschiedene Gartechniken

Gartechnik:

DÜNSTEN

❶

Erklärung:

DÜNSTEN ist ein …

… Garen in sehr wenig Flüssigkeit oder im eigenen Saft bei 80 bis 100 °C im geschlossenen Topf.

❷

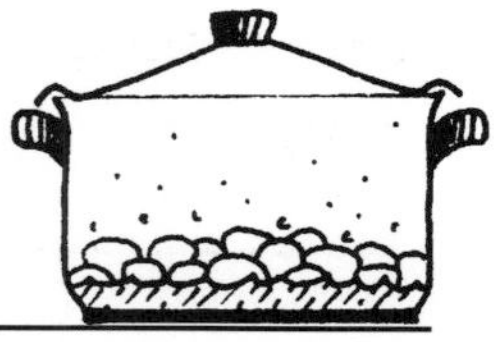

zum DÜNSTEN geeignete Geschirre/Geräte:

- Kochtopf
- Dampfdrucktopf
- Folie
- Mikrowellengerät

❸

Anwendungs-beispiele:

- wasserhaltiges Obst
- wasserhaltiges Gemüse
- Fisch

❹

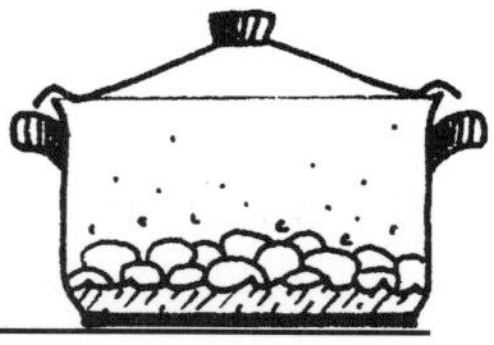

Nährstoffverluste:

Bei dieser Gartechnik sind die Nährstoffverluste am geringsten.

❺

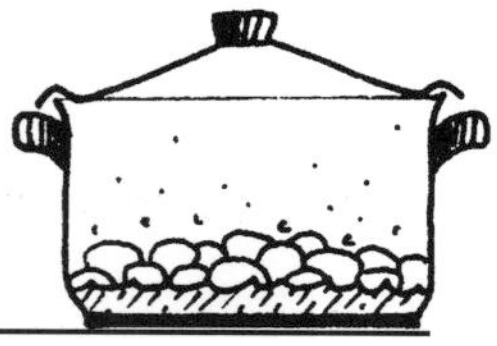

zu beachten:

- Töpfe mit ganz fest schließendem Deckel verwenden.
- Den Topfinhalt langsam auf 100 °C erhitzen, damit das Eigenwasser austreten kann.

❻

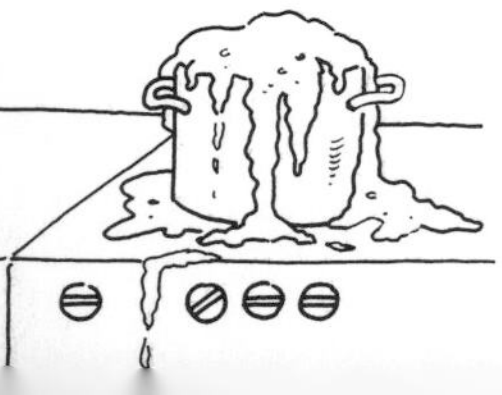

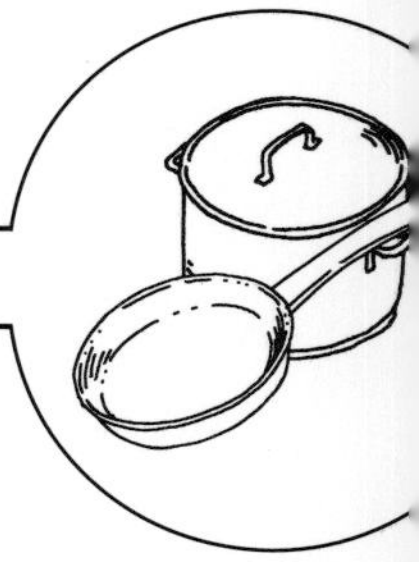

Gartechnik:

DÄMPFEN

❶

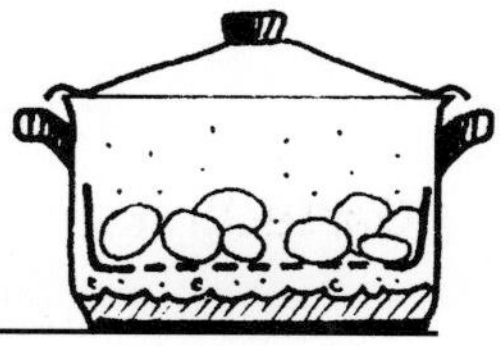

Erklärung:

DÄMPFEN ist ein …

… Garen in strömendem Wasserdampf bei 80 bis 100 °C mit Locheinsatz im geschlossenen Topf.

❷

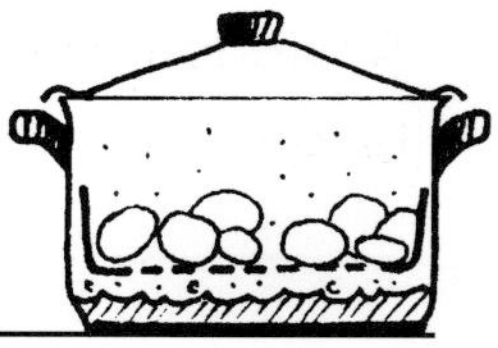

zum DÄMPFEN
geeignete
Geschirre/Geräte:

- Dämpftopf
- Kochtopf mit Siebeinsatz
- Dampfdrucktopf mit Siebeinsatz

❸

Anwendungs-
beispiele:

- Gemüse
- Kartoffeln
- Hefeklöße

❹

Nährstoffverluste:

Bei dieser Gartechnik sind die Nährstoffverluste relativ gering.

❺

zu beachten:

- Das Nahrungsmittel im Siebeinsatz darf das Wasser nicht berühren.
- Der Deckel muss ganz fest schließen.

❻

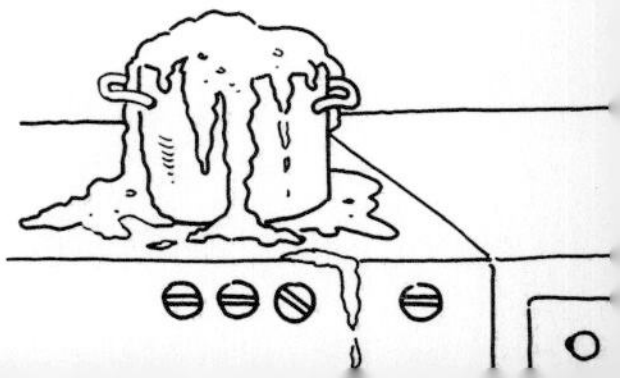

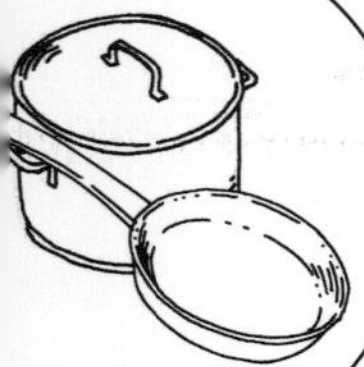

Kartenspiel: Gartechniken (4/10)

Verschiedene Gartechniken

Gartechnik:

QUELLEN

1

Erklärung:

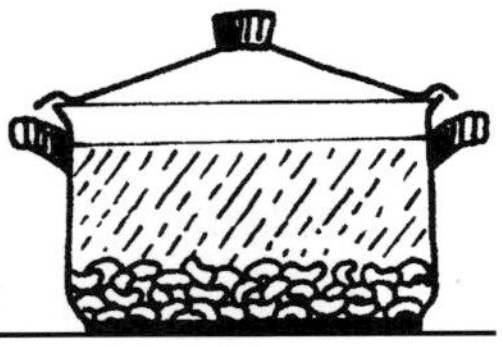

QUELLEN ist ein …

… Garen unter Aufnahme von Flüssigkeit bei 70 bis 95 °C im geschlossenen Topf.

2

zum QUELLEN geeignete Geschirre/Geräte:

- Kochtopf

3

Anwendungsbeispiele:

- Reis
- Grieß
- Hülsenfrüchte
- Nudeln

4

Nährstoffverluste:

Bei dieser Gartechnik sind die Nährstoffverluste relativ gering.

5

zu beachten:

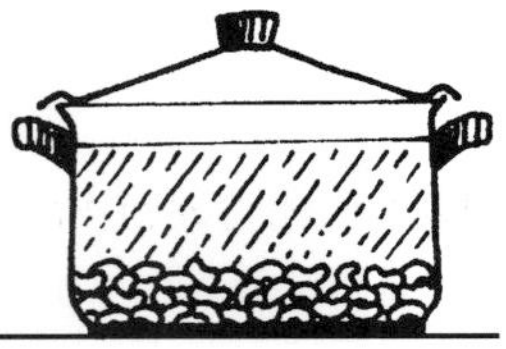

- Einen ausreichend großen Topf verwenden (das Gargut muss sich „bewegen“ können).
- Beim Quellen gilt: den Deckel aufsetzen.

6

Kartenspiel: Gartechniken (5/10)

Verschiedene Gartechniken

Gartechnik:

BRATEN

1

Erklärung:

BRATEN ist ein …

… Garen und Bräunen mit wenig Fett auf der Kochstelle bei 140 bis 200 °C.

2

zum BRATEN geeignete Geschirre/Geräte:

- Pfanne (Fett sparend: beschichtete Pfanne)

3

Anwendungsbeispiele:

- Fleisch
- Fisch
- Pfannkuchen (Eierkuchen)
- Kartoffeln

4

Nährstoffverluste:

Bei dieser Gartechnik sind die Nährstoffverluste relativ hoch.

5

zu beachten:

- Fett gut erhitzen, damit sich die Poren des Gargutes sofort schließen.
- Die Temperatur nach dem Anbraten reduzieren.
- Trockenes Gargut (Spritzgefahr!).
- Unfallgefahr (heißes Fett)!

6

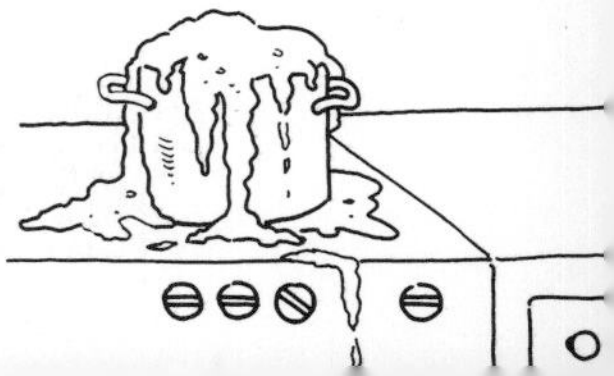

Kartenspiel: Gartechniken (6/10)

Verschiedene Gartechniken

Gartechnik:

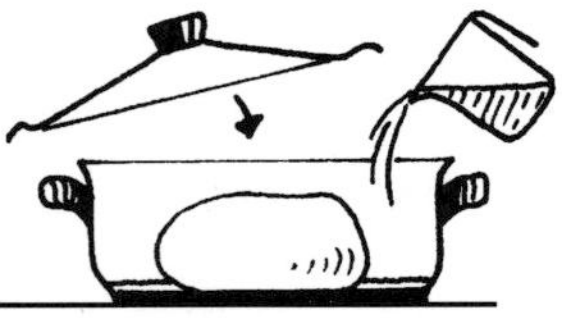

SCHMOREN

❶

Erklärung:

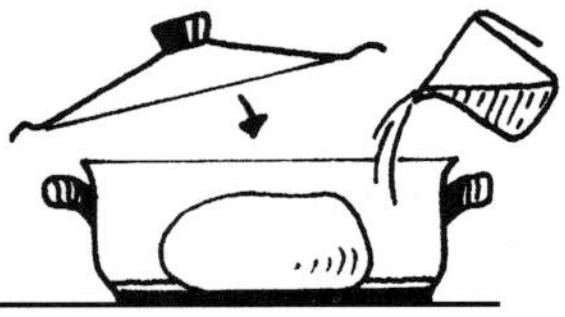

SCHMOREN ist ein …

… Garen durch Anbraten in heißem Fett bei ca. 200 °C (offener Topf) und Weitergaren unter Zugabe von heißer Flüssigkeit bei 80 bis 100 °C (geschlossener Topf).

❷

zum SCHMOREN geeignete Geschirre/Geräte:

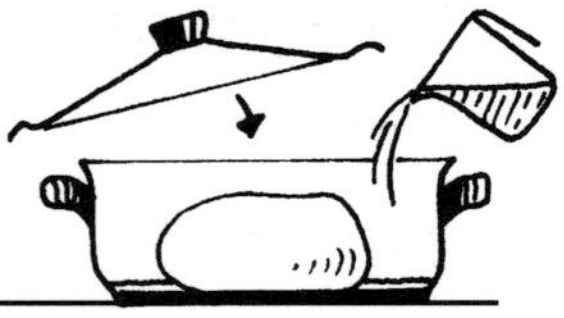

- Bratgeschirr
- Dampfdrucktopf

❸

Anwendungs-beispiele:

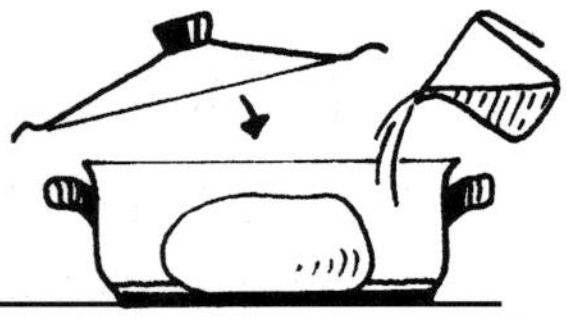

- Schmorbraten
- Gulasch
- gefülltes Gemüse

❹

Nährstoffverluste:

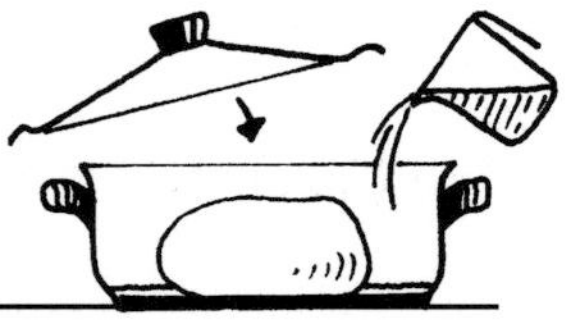

Bei dieser Gartechnik sind die Nährstoffverluste relativ hoch.

❺

zu beachten:

- Das Fett gut erhitzen, damit sich sofort die Poren des Gargutes schließen.
- Die Temperatur nach dem Anbraten reduzieren.
- Trockenes Gargut (Spritzgefahr!).
- Unfallgefahr (heißes Fett)!

❻

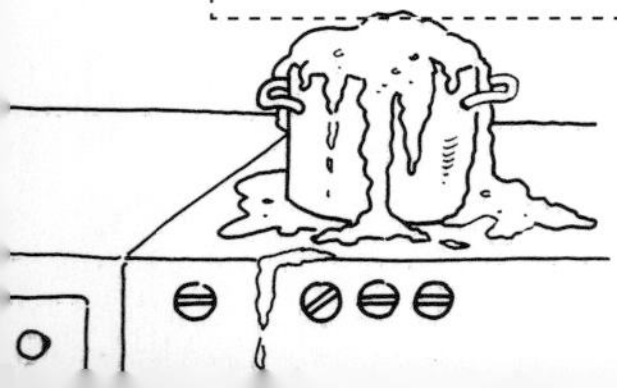

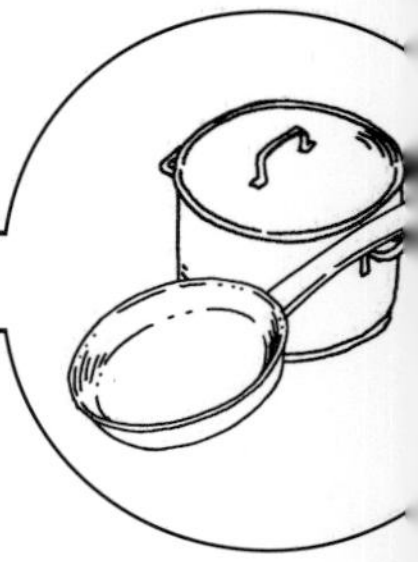

Gartechnik:

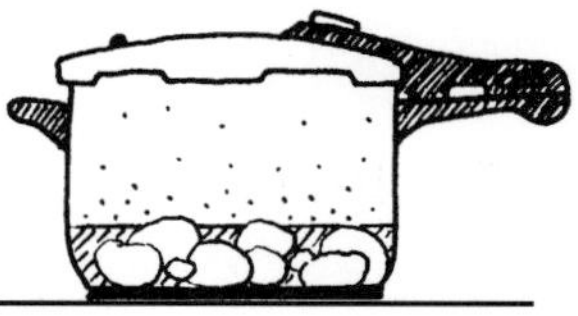

DAMPFDRUCK-GAREN

❶

Erklärung:

DAMPFDRUCKGAREN ist ein …

… Garen durch Kochen, Dünsten, Dämpfen oder Schmoren in einem dicht verschlossenen Gefäß mit Überdruck und ca. 100 bis 120 °C.

❷

zum DAMPFDRUCK-GAREN geeignete Geschirre/Geräte:

• Dampfdrucktopf

❸

Anwendungs-beispiele:

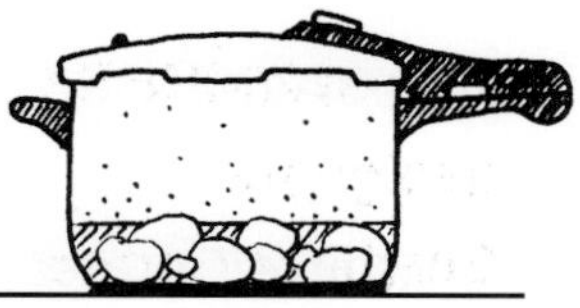

• Gerichte mit langen Garzeiten

❹

Nährstoffverluste:

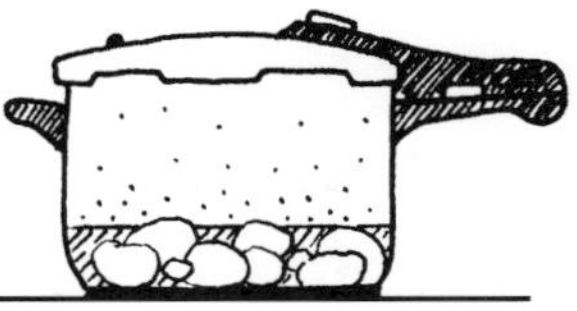

Bei dieser Gartechnik sind die Nährstoffverluste bei Beachtung der Zeitangaben geringer als bei anderen Gartechniken.

❺

zu beachten:

• Die Gebrauchsanweisung des Kochgeschirrs sorgfältig durchlesen und unbedingt beachten.

❻

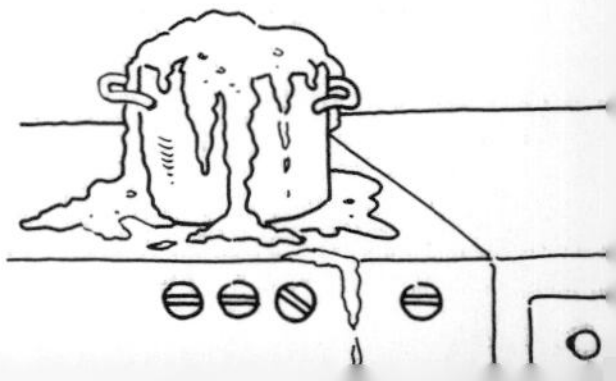

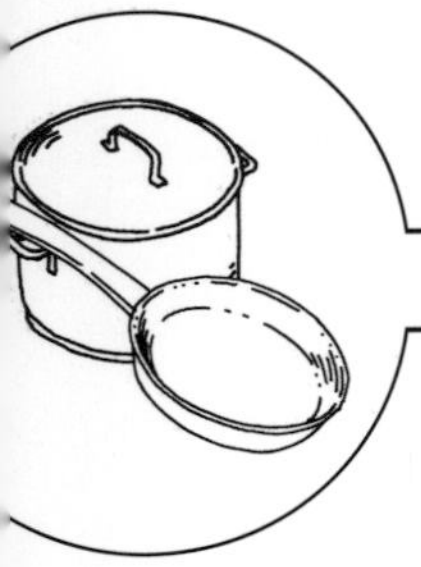

Kartenspiel: Gartechniken (8/10)

Verschiedene Gartechniken

Gartechnik:

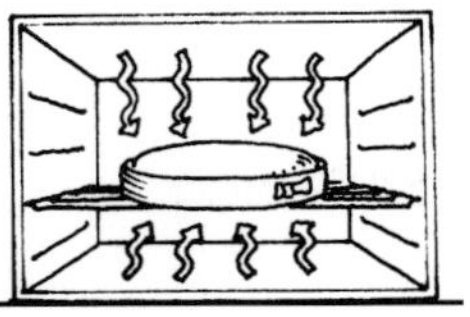

BACKEN

❶

Erklärung:

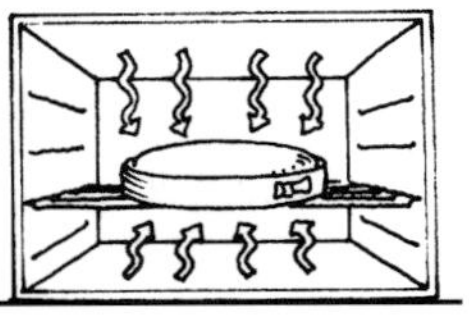

BACKEN ist ein …

… Garen und Bräunen in heißer Luft im Backofen bei 150 bis 225 °C.

❷

zum BACKEN geeignete Geschirre/Geräte:

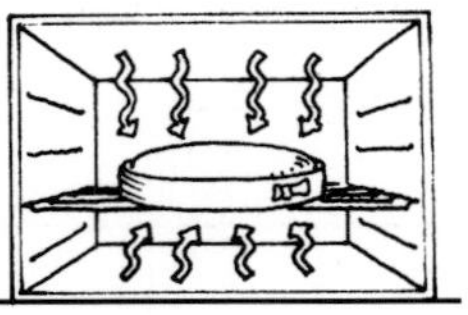

- Backform
- Auflaufform
- Backblech

❸

Anwendungsbeispiele:

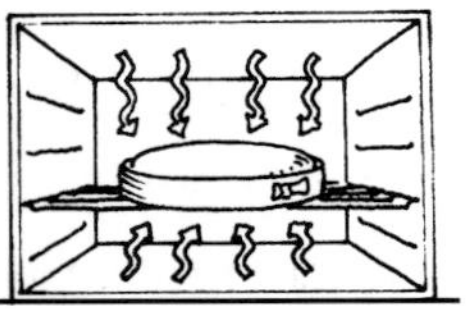

- Kuchen
- Kleingebäck
- Aufläufe

❹

Nährstoffverluste:

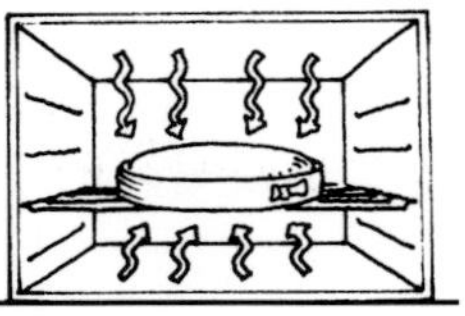

Bei dieser Gartechnik sind die Nährstoffverluste je nach Garzeit mittel bis hoch.

❺

zu beachten:

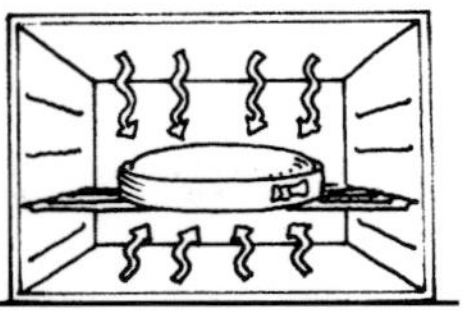

- Den Backraum geschlossen halten.

❻

Gartechnik:

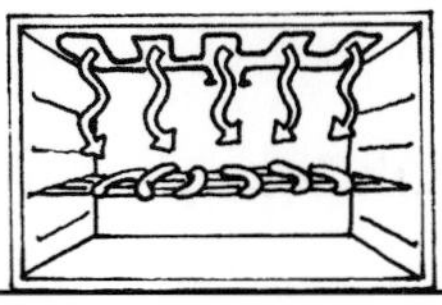

GRILLEN

❶

Erklärung:

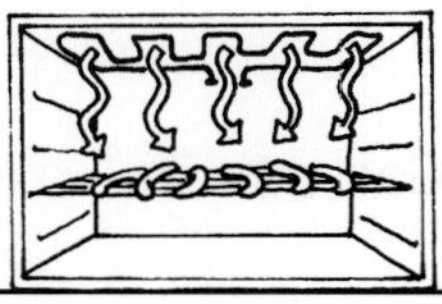

GRILLEN ist ein …

… Garen und Bräunen bei hohen Temperaturen mit oder ohne Fett durch Strahlungswärme.

❷

zum GRILLEN geeignete Geschirre/Geräte:

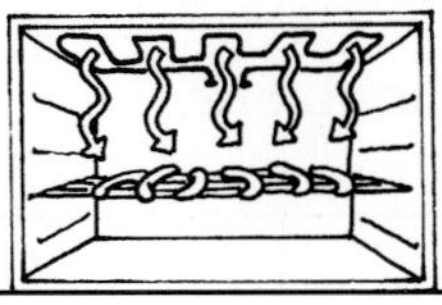

- eingebauter Grill im Backofen
- Grillrost

❸

Anwendungsbeispiele:

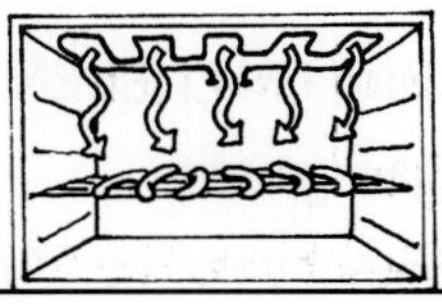

- Fisch
- Fleisch
- Geflügel

❹

Nährstoffverluste:

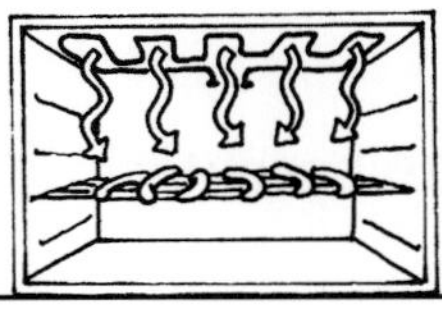

Bei dieser Gartechnik sind die Nährstoffverluste mittelhoch.

❺

zu beachten:

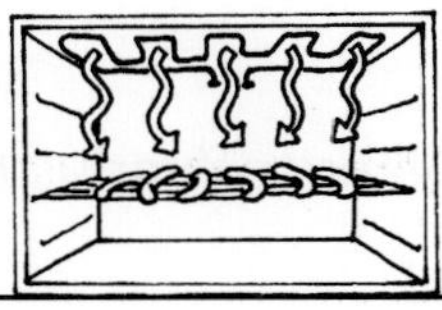

- Den Grill immer vorheizen.
- Das Grillgut gegebenenfalls leicht fetten.
- Das Grillgut wird meist gewendet.
- Das Fett muss aufgefangen werden!

❻

Kartenspiel: Gartechniken (10/10)

Verschiedene Gartechniken

Gartechnik:

FRITTIEREN

1

Erklärung:

FRITTIEREN ist ein …

… Garen und Bräunen schwimmend in heißem Fett bei 170 bis 200 °C.

2

zum FRITTIEREN geeignete Geschirre/Geräte:

- Fritteuse
- Kochgeschirr evtl. mit Einsatz

3

Anwendungsbeispiele:

- Fleisch
- Geflügel
- Fisch
- Kartoffeln
- Gebäck

4

Nährstoffverluste:

Bei dieser Gartechnik sind die Nährstoffverluste mittelhoch.

5

zu beachten:

- Das Gargut muss im Fett „schwimmen“.
- Geringe Mengen gleichzeitig ausbacken.
- Das Fett regelmäßig erneuern.
- Unfallgefahr (heißes Fett)!

6

Gartechniken: Wer weiß Bescheid? (1/2)

Verschiedene Gartechniken

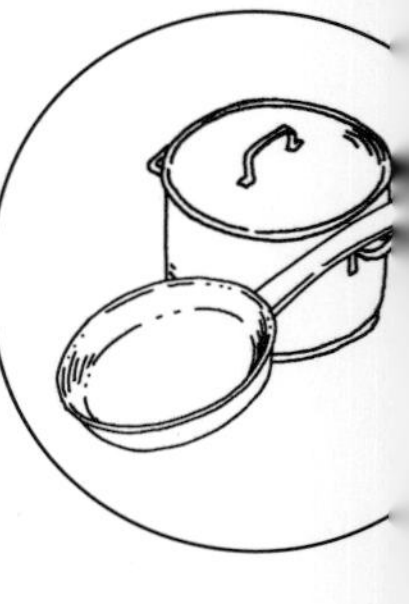

1. **Schneidet alle Textkärtchen aus, und lest sie euch aufmerksam durch. Ordnet nun jeweils zwei Textkärtchen der jeweiligen Gartechnik zu. Klebt dazu die Kärtchen auf dem Arbeitsblatt auf der nächsten Seite an die richtige Stelle.**
2. **Tragt das Lösungswort mit Hilfe der Ziffern und Zahlen unten auf dem Arbeitsblatt ein. Die richtige Lösung könnt ihr anhand des Lösungswortes selbst kontrollieren.**

Garen in viel siedender Flüssigkeit bei 100 °C im geschlossenen Topf. Z	Schmorbraten, Gulasch, gefülltes Gemüse N	Gemüse, Kartoffeln, Hefeklöße N
Gerichte mit langen Garzeiten R	Garen und Bräunen mit wenig Fett auf der Kochstelle bei 140 bis 200 °C. G	Garen in sehr wenig Flüssigkeit oder im eigenen Saft bei 80 bis 100 °C im geschlossenen Topf. B
Kuchen, Kleingebäck, Aufläufe S	Reis, Nudeln, Grieß, Hülsenfrüchte !	Garen und Bräunen bei hohen Temperaturen mit oder ohne Fett durch Strahlungswärme. U
wasserhaltiges Obst, wasserhaltiges Gemüse, Fisch i	Fleisch und Fisch, Geflügel, Kartoffeln, Gebäck U	Garen durch Kochen, Dünsten, Dämpfen oder Schmoren in einem verschlossenen Gefäß mit Überdruck. T
Suppen, Suppenhuhn, Eier, Spargel N	Garen und Bräunen schwimmend in heißem Fett bei 170 bis 200 °C. U	Garen durch Anbraten in heißem Fett (Topf offen), Weitergaren unter Zugabe von Flüssigkeit (Topf zu). A
Garen unter Aufnahme von Flüssigkeit bei 70 bis 95 °C im geschlossenen Topf. E	Fisch, Fleisch, Geflügel R	Garen und Bräunen in heißer Luft im Backofen bei 150 bis 225 °C E
Garen in strömendem Wasserdampf bei 80 bis 100 °C mit Locheinsatz im geschlossenen Topf. G	Fleisch und Fisch, Pfannkuchen (Eierkuchen), Kartoffeln H	

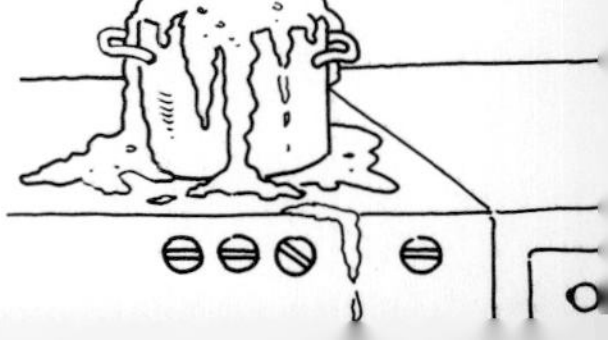

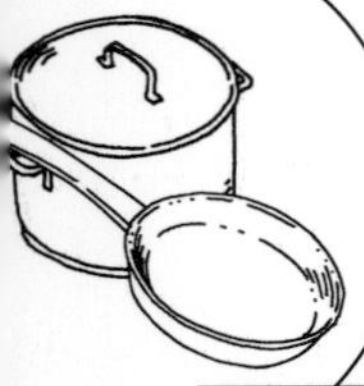

Gartechniken: Wer weiß Bescheid? (2/2)

Verschiedene Gartechniken

Gartechnik		Wie?	Was?
KOCHEN	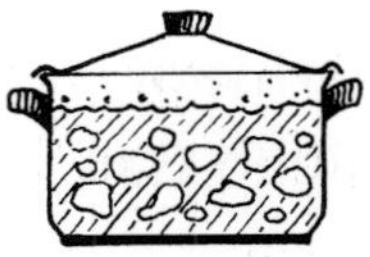	9	6
DÜNSTEN		11	15
DÄMPFEN	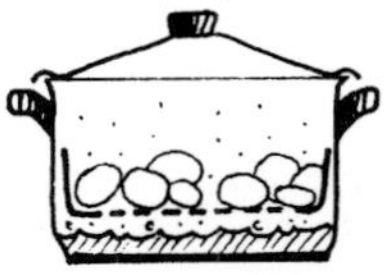	19	1
QUELLEN		12	20
BRATEN		7	3
SCHMOREN	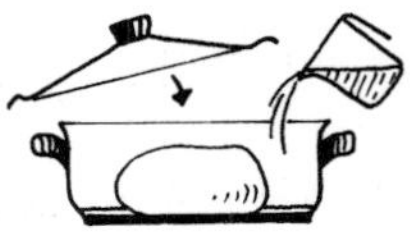	2	18
DAMPF-DRUCK-GAREN		16	13
BACKEN	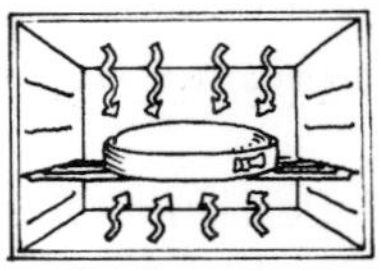	14	8
GRILLEN	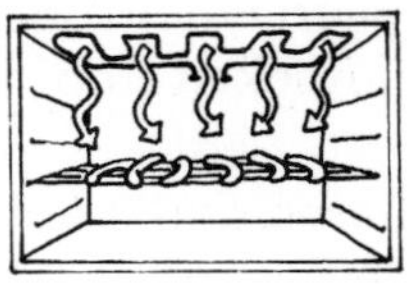	17	4
FRITTIEREN		5	10

Lösungswort:

1	2	3	4	5	6	7	8	9	10	11	12	13	14	15	16	17	18	19	20

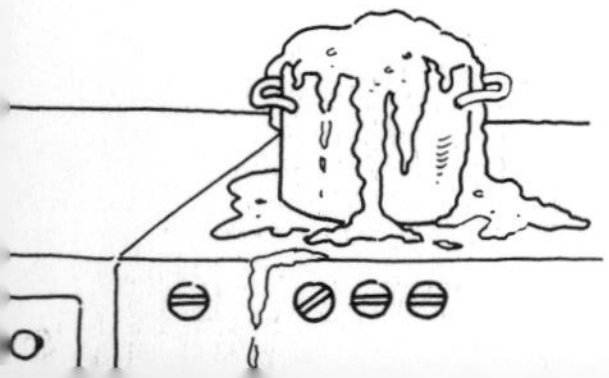

Welche Gartechnik wenden wir heute an?

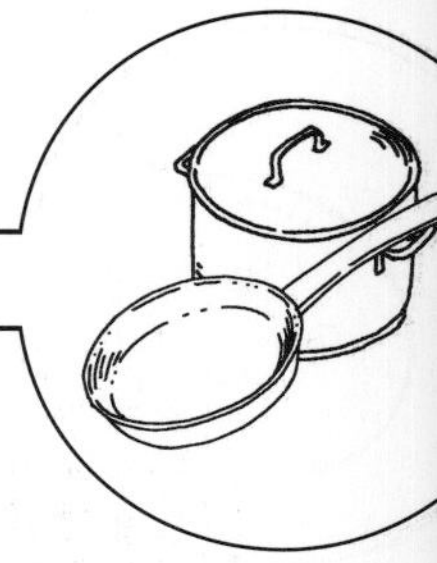

Verschiedene Gartechniken

1. Findet heraus, welche Gartechnik ihr heute in der Nahrungszubereitung kennenlernt. Benutzt dazu euer Rezeptblatt und die Spielkarten.

2. Füllt jetzt das Arbeitsblatt vollständig aus.

3. Zeichnet nun das Symbol der Gartechnik (vom Kartenspiel) ab. Das gestrichelte freie Kästchen ist dafür vorgesehen.

➡ Wir haben heute die Gartechnik ______________________ kennengelernt.

➡ Denn bei der heutigen Nahrungszubereitung haben wir

______________________ gegart.

➡ Es wird dieses Kochgeschirr für diese Gartechnik verwendet:

____

____

➡ Die Nährstoffverluste sind bei dieser Gartechnik

____

➡ Besonders zu beachten war bei der Nahrungszubereitung:

____

____.

➡ Mit der Gartechnik lassen sich zubereiten:

- ______________________
- ______________________
- ______________________
- ______________________

Milchreis

Rezept-Idee

Zutaten (für 4 Personen)

1 Liter Milch

20 g Zucker oder Vanillinzucker

Salz

250 g Rundkornreis

Zucker

Zimt

Zubereitung

1. Zunächst einen Kochtopf mit kaltem Wasser ausspülen, damit die Milch nicht so leicht anbrennt.
2. Die Zutaten in den Topf geben, verrühren und aufkochen. Die Kochplatte dann auf die kleinste Stufe einstellen oder sie ganz ausstellen. Den Milchreis nun 40 Minuten quellen lassen.
3. Den Milchreis in einer Glasschüssel anrichten. Zucker und Zimt vermischen und den Milchreis damit bestreuen.

Guten Appetit

© Eva Kahlmann/fotolia.com

Abfall geht uns alle an!

Kapitel 11

Zeitbedarf

2 Unterrichtsstunden

Lernziele

- Die Schüler lernen, welche Entscheidung beim Einkauf und bei der Entsorgung die umweltfreundlichste ist.
- Sie entsorgen Verpackungs- und Küchenabfälle sachgerecht.

Kopiervorlagen:

- Spielplan: Müll sortieren – aber richtig! (S. 106)
- Ereigniskarten: Müll sortieren – aber richtig! (S. 107)
- Arbeitsblatt: Weg mit dem Müll! (S. 111)
- Rezept-Idee: Ofenbaguette (S. 112)

Hinweise

Einstieg & Erarbeitung

Einstieg und Erarbeitung erfolgt in Gruppenarbeit mit Hilfe des Brettspiels **„Müll sortieren – aber richtig!“**. Für das Spiel werden die Karten in entsprechender Gruppenstärke zuvor vom Lehrer kopiert, laminiert und auseinandergeschnitten. Die Spielpläne werden auf DIN-A3 vergrößert und laminiert. Spielfiguren und Würfel müssen in ausreichender Menge vorhanden sein. Vor Beginn des Spiels werden die Spielregeln erklärt (s.u.). Die Schüler spielen nun innerhalb ihrer Gruppe das Spiel **„Müll sortieren – aber richtig!“** Dabei lernen sie, wie man Müll richtig trennt und auf einfache Art und Weise umweltbewusst handelt und Müll vermeidet.

Festigung

Zur Sicherung der Ergebnisse bearbeiten die Schüler in Einzelarbeit das Aufgabenblatt **„Weg mit dem Müll!“**.
Im Lehrer-Schüler-Gespräch werden die Ergebnisse besprochen und kontrolliert.

Nahrungszubereitung

Die Schüler bereiten das Rezept **„Ofenbaguette“** zu. Ihr zuvor erworbenes Wissen wenden sie nun praktisch an, indem sie Verpackungen sachgerecht entsorgen.

Spielregeln für das Brettspiel

„Müll sortieren – aber richtig!“

Gespielt wird mit einem Würfel. Die Schüler würfeln zunächst jeder im Uhrzeigersinn. Wer die höchste Zahl hat, fängt an. Kommt ein Spieler auf ein E = Ereignisfeld, wird die oberste Ereigniskarte gezogen, laut vorgelesen und ausgeführt. Sieger ist, wer als erster Spieler das Ziel erreicht.

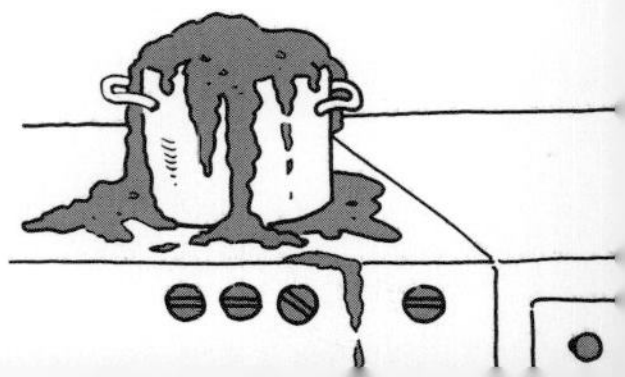

Müll sortieren – aber richtig! (Spielfeld)

Abfall geht uns alle an!

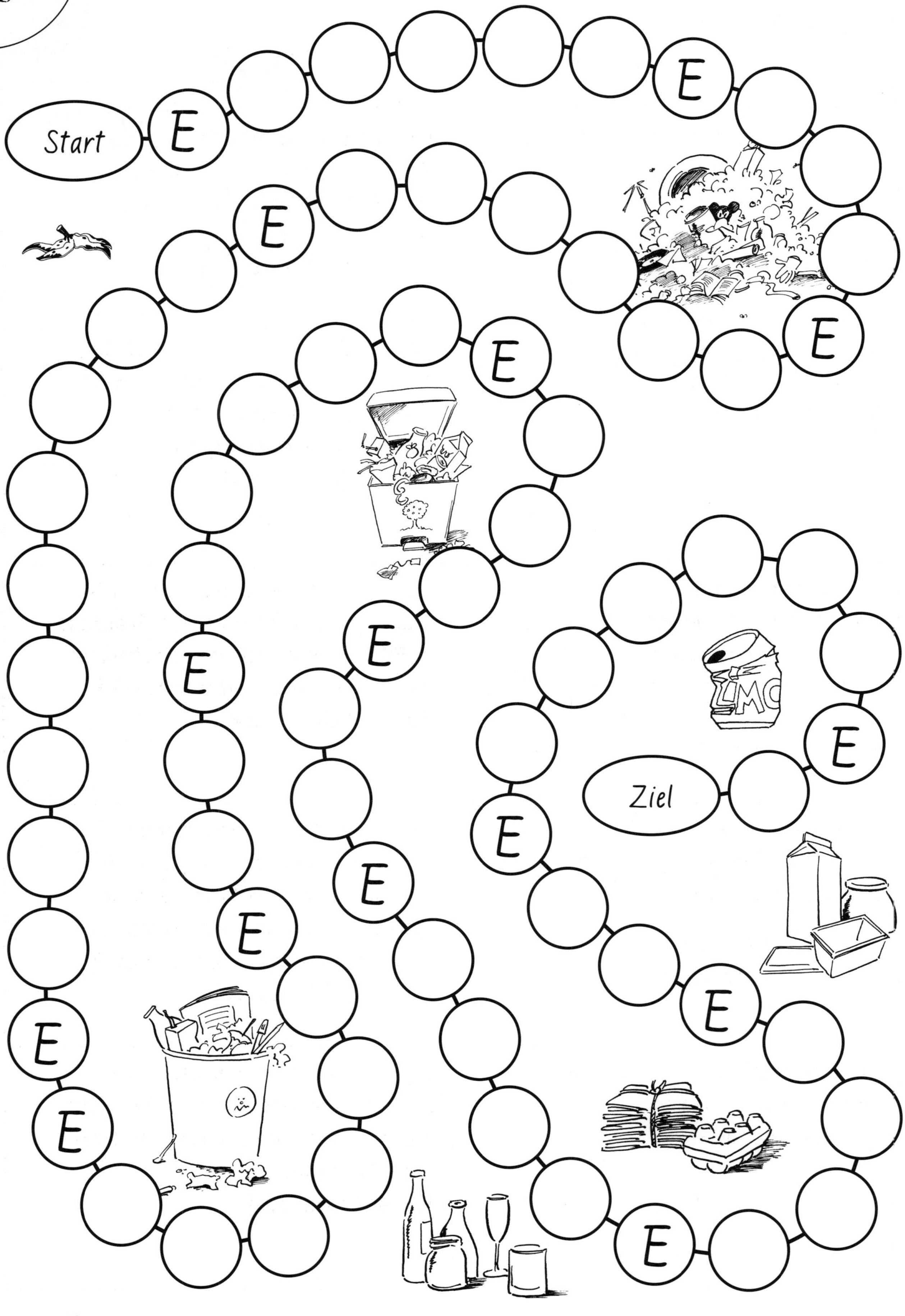

Müll sortieren – aber richtig! (1/4)

Abfall geht uns alle an!

Ereigniskarten

Zum Einkaufen nimmst du immer deinen Lieblingseinkaufskorb oder deine Einkaufstasche von zu Hause mit. Deshalb brauchst du keine Plastiktüte zu kaufen. **Gehe 2 Felder vor!**	Zum Einkaufen hast du deinen Lieblingseinkaufskorb oder deine Einkaufstasche von zu Hause vergessen. Deshalb musst du eine Plastiktüte kaufen. **Gehe 2 Felder zurück!**
Beim Einkaufen bevorzugst du Nachfüllpackungen. **Gehe 1 Feld vor!**	Von Nachfüllpackungen hast du noch nichts gehört. Lieber kaufst du immer die aktuellsten und neuesten Verpackungen. **Gehe 1 Feld zurück!**
Du vermeidest beim Einkaufen Verpackungen, die doppelt sind. Z.B. lässt du Jogurtbecher aus Plastik, die zusätzlich mit Pappe verpackt sind, links liegen. **Rücke 1 Feld vor!**	Du kaufst gerne Waren, die aufwendig verpackt sind, z.B. Pralinen in Pralinenkartons oder Teebeutel, die in Einzeltüten verpackt sind. **Gehe 1 Feld zurück!**
Altglas wirfst du nach Farben sortiert in den Altglascontainer. **Rücke 2 Felder vor!** *(Achtung: Glühbirnen, Porzellan und Keramik gehören in den Restmüll)*	Upps, da ist es schon passiert. Das leere Marmeladenglas ist in den Restmüll gerutscht. Und da bleibt es auch, schließlich machst du dir nicht die Finger schmutzig. **Gehe 2 Felder zurück!**
Dein Pausenbrot nimmst du in einer Frühstücksdose mit. **Würfele noch einmal!**	Dein Pausenbrot nimmst du in den praktischen – aber leider nicht mehrfach verwendbaren – Butterbrottüten mit. **Setze einmal aus!**

Müll sortieren – aber richtig! (2/4)

Abfall geht uns alle an!

Ereigniskarten

Papier und Pappe sammelst du in der Papiertonne oder bringst sie in den Altpapiercontainer. **Rücke 2 Felder vor!**	Da ist es passiert. Die Zeitung ist dir in die Restmülltonne gerutscht. „Na egal“, denkst du dir, „wird schon nicht so schlimm sein.“ **Gehe 2 Felder zurück!**
An deinem Briefkasten lässt du das Schild anbringen: *„Bitte keine Werbung einwerfen“.* Dadurch wird Müll vermieden. **Rücke 1 Feld vor!**	Die ganzen Werbeprospekte interessieren dich oft gar nicht. Trotzdem lässt du kein Schild an deinem Briefkasten anbringen, das den Einwurf von Werbung verhindert. **Gehe 1 Feld zurück!**
Beim Kauf von Obst und Gemüse achtest du auf unverpackte und lose Ware. **Rücke 1 Feld vor!**	Obst und Gemüse kaufst du oft in Kunststoffverpackungen. **Gehe 1 Feld zurück!**
Getränke kaufst du grundsätzlich in Pfandflaschen aus Glas. **Rücke 2 Felder vor!**	Getränke kaufst du als Tetrapack oder in Flaschen aus Plastik. Da musst du auch weniger schleppen als bei Pfandflaschen aus Glas. **Gehe 2 Felder zurück!**
Beim Einkauf versuchst du, Dosen zu vermeiden. Eingekochtes Obst oder Gemüse kaufst du möglichst im Glas. **Rücke 2 Felder vor!**	Du weißt, dass der grüne Punkt auf Verpackungen verspricht, dass die Entsorgung der Verpackung geregelt ist. Du bevorzugst aber lieber Mehrwegverpackungen. **Rücke 2 Felder vor!**

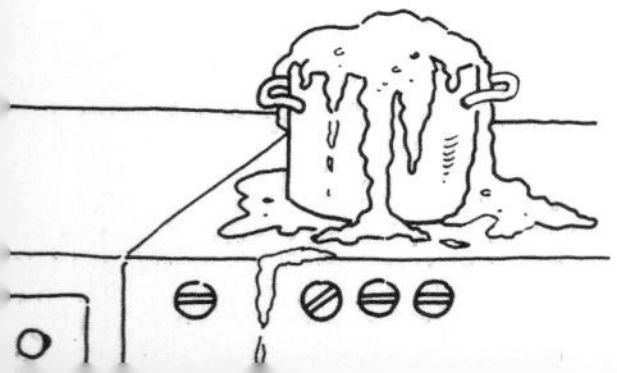

Müll sortieren – aber richtig! (3/4)

Abfall geht uns alle an!

Ereigniskarten

Organische Küchenabfälle, wie Obst- und Gemüseschalen, Kaffeesatz, Teebeutel, Eierschalen usw., wirfst du in die Biotonne oder auf den Komposthaufen. **Rücke 1 Feld vor!** *(Achtung: Auf den Komposthaufen keine Speisereste werfen!)*	Organische Küchenabfälle, wie Obst- und Gemüseschalen, Kaffeesatz, Eierschalen usw., landen bei dir in der Restmülltonne. Schließlich ist der Weg bis zum Komposthaufen so weit! **Gehe 1 Feld zurück!**
Für deinen MP3-Player hast du dir sofort aufladbare Akkus besorgt. **Rücke 2 Felder vor!**	Für deinen MP3-Player kaufst du immer die billigen Batterien im praktischen 10er-Pack. Akkus aufzuladen, ist dir zu umständlich. **Gehe 2 Felder zurück!**
Farb- und Lösungsmittelreste bringst du zum Wertstoffhof in den Sondermüll. **Rücke 2 Felder vor!**	So ein kleiner Farb- und Lösungsmittelrest ist bei dir schon mal in der Restmülltonne gelandet. Du findest, dass sich der Weg zum Wertstoffhof für so eine kleine Menge doch gar nicht lohnt. **Gehe 2 Felder zurück!**
Auf Kunststoffprodukte (z.B. Taschen, Stifte, Lineal) verzichtest du nach Möglichkeit. Für viele Produkte gibt es umweltfreundlichere Ersatzstoffe (z.B. Leder, Holz, Stoffe aus Baumwolle). **Rücke 2 Felder vor!**	Viele Kunststoffprodukte (z.B. Taschen, Stifte) findest du einfach cool. Wegen der Umwelt darauf verzichten? Das ist für dich uncool. **Gehe 2 Felder zurück!**
Du meidest beim Einkaufen Verpackungen aus Kunststoff. Z.B. sind deine Bücher und Hefte nicht in Kunststofffolie, sondern in Einbindepapier eingeschlagen. **Rücke 2 Felder vor!**	Du hast keine Ahnung davon, dass es viele Kunststoffverpackungen auch aus anderen alternativen Materialien gibt. Z.B. sind deine Bücher und Hefte nicht in Einbindepapier, sondern in Kunststofffolie eingeschlagen. **Gehe 2 Felder zurück!**

© Verlag an der Ruhr • Postfach 10 22 51 • 45422 Mülheim an der Ruhr • www.verlagruhr.de • ISBN 978-3-8346-0451-4

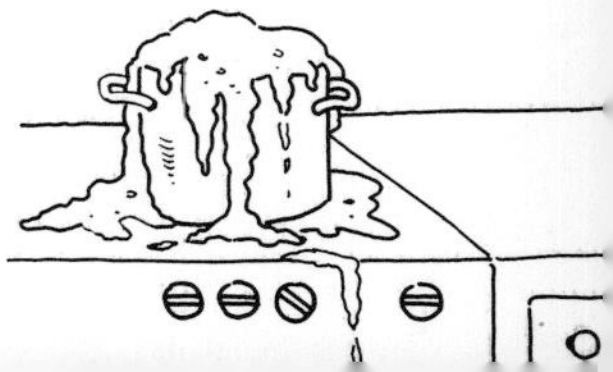

Müll sortieren – aber richtig! (4/4)

Abfall geht uns alle an!

Ereigniskarten

Gut erhaltene Altkleider sammelst du und gibst sie in die Altkleidersammlung oder bringst sie zum Altkleidercontainer. **Rücke 1 Feld vor!**	Auch gut erhaltene Altkleider wandern bei dir in die Restmülltonne. Sie zu sammeln oder wegzubringen, ist dir zu umständlich. **Gehe 1 Feld zurück!**
Toilettenpapier muss bei dir nicht bunt sein. Du denkst lieber an die Umwelt, denn du kaufst Toilettenpapier aus Altpapier. **Würfele noch einmal!**	Toilettenpapier muss bei dir vor allem gut aussehen. Deswegen verzichtest du auf Toilettenpapier aus Altpapier. **Setze einmal aus!**
Kunststoffnachfüllpackungen (z.B. von Körperpflegeprodukten) sammelst du sauber und ohne Inhalt in der gelben Tonne oder im gelben Sack. **Rücke 1 Feld vor!**	Kunststoffverpackungen landen bei dir schon mal in der Restmülltonne. Da war schließlich noch Platz … **Gehe 1 Feld zurück!**
Z.B. Margarinebecher, Aluschalen, Spülmittelflaschen und Konservendosen sammelst du sauber und ohne Inhalt in der gelben Tonne oder im gelben Sack. **Rücke 1 Feld vor!**	Z.B. Margarinebecher, Aluschalen, Spülmittelflaschen und Konservendosen sammelst du in der gelben Tonne oder im gelben Sack. Kann sein, dass noch einige Reste in den Verpackungen sind … **Gehe 2 Felder zurück!**
Deine Schulhefte sind aus recyceltem Umweltschutzpapier. **Rücke 2 Felder vor!**	Das Papier in deinen Schulheften muss schneeweiß sein. Deswegen verzichtest du auf recyceltes Umweltschutzpapier! **Gehe 2 Felder zurück!**

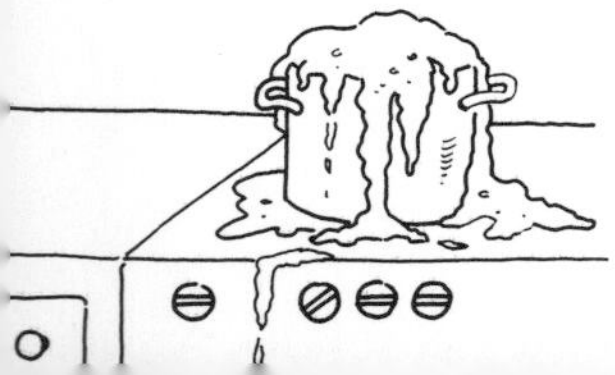

Weg mit dem Müll!

Abfall geht uns alle an!

Hier wurde aber Vieles achtlos weggeworfen.
Findest du die 17 Gegenstände?
Sortiere sie nun, indem du sie in die richtige Tonne wirfst.

Ö = OE
Ä = AE
Ü = UE

								R	G	E	A	L															
								T	Z	M	K	M															
							S	P	U	E	L	I	F	L	A	S	C	H	E	M	O						
							E	L	E	Q	A	L	F	S	J	K	X	O	U	T	Z						
				Y	N	B	F	E	S	W	K	C	T	E	E	B	E	U	T	E	L	A	T	O	E	W	
	P	O	S	T	K	A	R	T	E	V	O	H	U	I	R	P	L	E	U	Y	S	T	E	Q	T	Y	
	M	V	C	A	E	A	O	G	H	U	B	T	C	E	C	D	E	R	S	B	A	N	S	W	S	I	
	F	A	R	B	R	E	S	T	E	O	B	U	I	W	N	D	E	E	S	L	P	D	N	E	E	T	
	R	T	C	S	A	D	K	L	Y	L	Z	E	S	D	Z	E	I	T	U	N	G	B	A	R	R	R	
D	P	E	S	O	D	H	C	E	L	B	Y	T	P	C	H	I	P	S	T	U	E	T	E	F	K	N	D
E	I	E	R	K	A	R	T	O	N	T	P	E	S	X	R	S	W	N	T	U	Z	S	J	K	C	T	A
I	E	S	T	A	R	T	U	L	B	A	N	A	N	E	N	S	C	H	A	L	E	S	U	J	A	R	U
E	R	E	V	O	L	L	U	P	D	N	Z	B	A	T	T	E	R	I	E	N	U	A	L	Y	L	N	A
G	L	U	E	H	B	I	R	N	E	U	K	E	R	A	M	I	K	N	B	E	R	N	E	N	S	D	P
O	A	R	E	Q	F	E	H	Y	R	I	Y	B	S	A	L	G	N	E	D	A	L	E	M	R	A	M	S

Altpapiertonne oder Altpapiercontainer:

____

____

Glascontainer:

____

____

Biomülltonne:

____

____

Gelbe Tonne oder gelber Sack:

____

____

Altkleidercontainer oder Altkleider-sammlung:

____

____

Sondermülltonne (Wertstoffhof):

____

____

Restmülltonne:

____

____

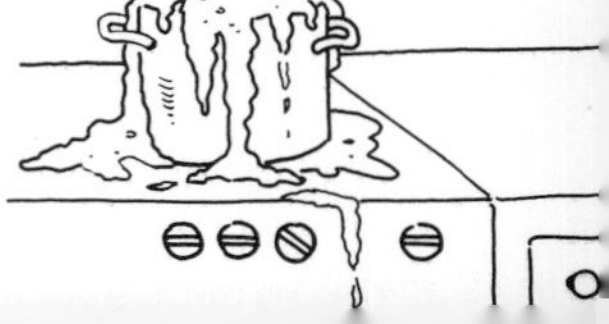

Ofenbaguette

Rezept-Idee

Zutaten (für 4 Personen)

4 Brötchen
100 g gekochter Schinken
100 g Salami
½ kleine Dose Pilze
½ Paprika
100 g Käse
80–100 ml Sahne
Pfeffer
Pizzagewürz (oder Oregano, Majoran und Thymian)

Zubereitung

1. Die Brötchen aufschneiden und auf ein mit Backpapier belegtes Backblech legen.
2. Den Aufschnitt fein würfeln und in eine Schüssel geben. Die Pilze ebenfalls abtropfen lassen und ggf. etwas zerkleinern und in die Schüssel geben.
3. Die Paprika waschen, Kerne und Rippen entfernen und in feine Würfel schneiden und in die Schüssel zu den übrigen Zutaten geben.
4. Den Käse reiben und in die Schüssel geben. Die Sahne ebenfalls in die Schüssel gießen.
5. Die Masse mit den Gewürzen abschmecken und gut verrühren. Auf den aufgeschnittenen Brötchenhälften verteilen.
6. Die Baguettes bei 200 °C (vorgeheizt) etwa 10 Minuten backen.

Guten Appetit

© Maren Beßler/pixelio.de

Wer kocht, muss auch putzen!

Kapitel 12

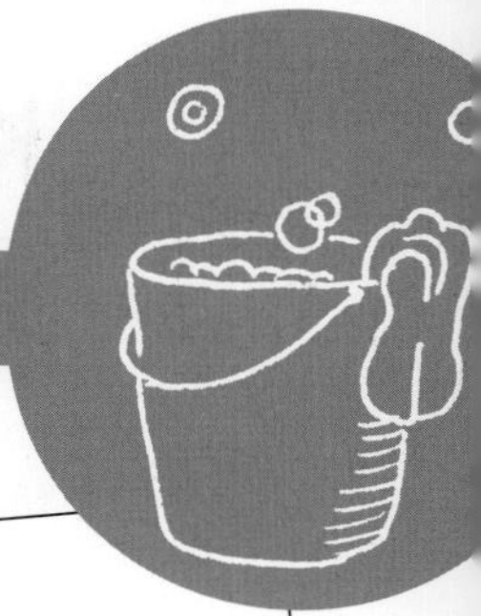

Zeitbedarf

2 Unterrichtsstunden

Lernziele

- Die Schüler benennen verschiedene Reinigungsarten und deren Eigenschaften und geben entsprechende Anwendungsbeispiele.
- Sie lernen, dass das gründliche, hygienische und umweltfreundliche Reinigen zum Führen eines Haushaltes dazugehört.
- Sie erkennen, dass für eine gründliche, hygienische und umweltfreundliche Reinigung nur ganz wenige und (relativ) umweltfreundliche und preiswerte Putzmittel erforderlich sind.

Hinweise

Einstieg

Aus Zeitgründen beginnt die Unterrichtseinheit mit der Nahrungszubereitung. Die Garzeit des Nudelauflaufes im Backofen wird dabei für die theoretische Erarbeitung des Unterrichtsinhaltes genutzt. Für den Einstieg werden die Puzzlevorlagen und die einzelnen Textkärtchen des Puzzles in den Gruppen verteilt. Beim Ansehen des Puzzles **„Kennst du dich im Putzschrank aus?"** werden die Schüler bereits erahnen, was der Inhalt der Lerneinheit ist. Der Lehrer muss die Puzzlevorlagen und Textkärtchen zuvor in der entsprechenden Anzahl der Gruppen kopieren, zusammenkleben, laminieren und die Textkärtchen auseinanderschneiden.

Erarbeitung & Festigung

Die Erarbeitung – d. h. das Zuordnen verschiedener Reinigungsarten (trocken, nass, mechanische Mittel mit oder ohne Zusätze) zu den entsprechenden Kennzeichen und Anwendungsbeispielen erfolgt innerhalb der Schülergruppen.

Kopiervorlagen:

- Puzzlevorlage (blanko): Kennst du dich im Putzschrank aus? (S. 114)
- Puzzle: Kennst du dich im Putzschrank aus? (S. 115)
- Informationsblatt: Kennst du dich im Putzschrank aus? (S. 117)
- Arbeitsblatt: Welche Reinigungsmittel wählst du? (S. 118)
- Rezept-Idee: Bunter Nudelauflauf (S. 120)

Auch die Sicherung kann innerhalb der Schülergruppen erfolgen, denn die Rückseiten der Textkärtchen ermöglichen eine eigenständige Ergebniskontrolle.

Das Informationsblatt **„Kennst du dich im Putzschrank aus?"**, welches die Ergebnisse des Puzzles noch einmal zusammenfasst, wird den Schülern abschließend für ihre Hauswirtschaftsmappen ausgehändigt. So können sie nachschlagen, welche Reinigungsarten es gibt und welche Kennzeichen und Anwendungsbeispiele diesen zugeordnet sind.

Das Arbeitsblatt **„Welche Reinigungsmittel wählst du?"** dient der weiteren Vertiefung. Anschließend werden die Ergebnisse im Lehrer-Schüler-Gespräch verglichen, besprochen und verbessert.

Nahrungszubereitung

Die Schüler bereiten **„Bunten Nudelauflauf"** zu. Um Zeit einzusparen, können für den Auflauf vorgekochte Nudeln verwendet werden. Nach dem Essen wird gemeinsam aufgeräumt und geputzt. Das in dieser Stunde theoretisch Gelernte wird so praktisch angewendet, denn die verschiedenen Arbeitsgeräte und die Schulküche werden von den Schülern gründlich, hygienisch und möglichst umweltfreundlich gereinigt.

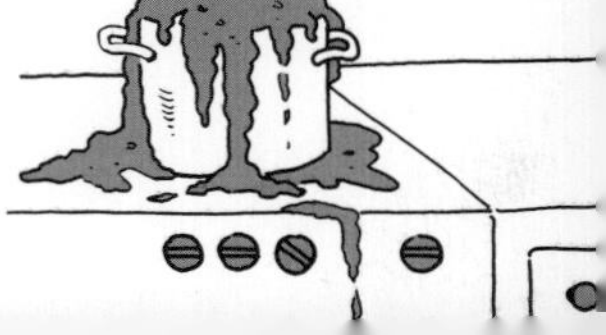

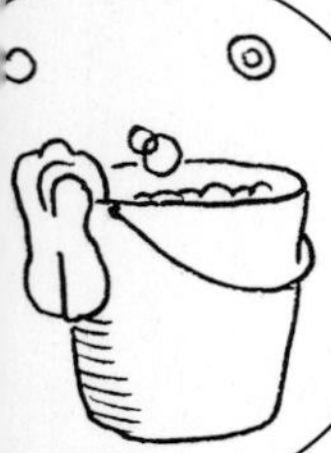

Kennst du dich im Putzschrank aus? (1/4)

Wer kocht, muss auch putzen!

Puzzlevorlage (blanko)

	Trockene Reiniger 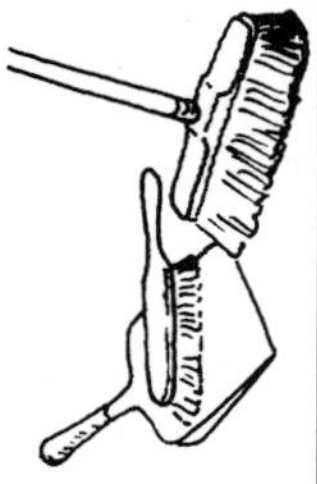	Nasse Reiniger 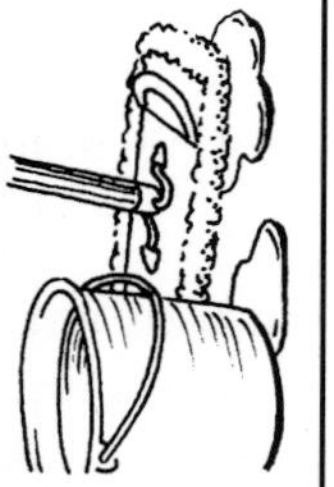	Reiniger mit chemischen Zusätzen 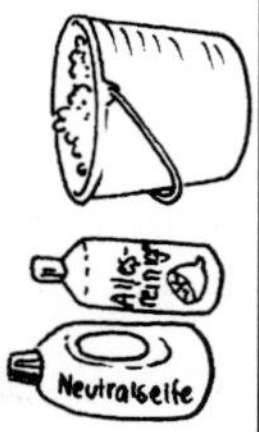	mechanische Reiniger 	kombiniert wirkende Reiniger 
Art und Wirkung der Reinigung					
Vorteile					
Nachteile					
Umwelt					
Anwendungs-beispiele					

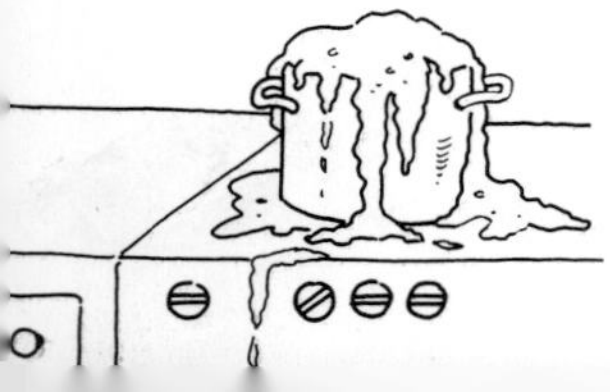

Kennst du dich im Putzschrank aus? (2/4)

Wer kocht, muss auch putzen!

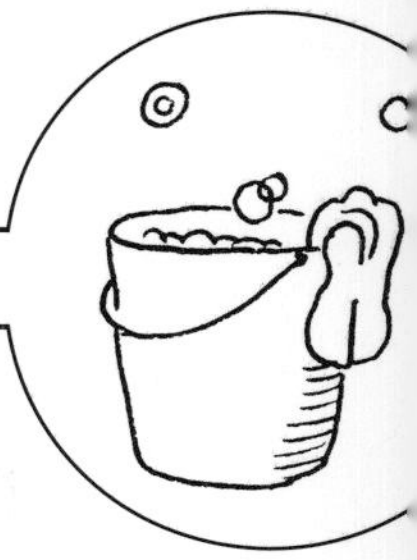

Puzzle (Vorderseite)

Trocken: Besen oder Tuch beseitigen lockere Schmutzteile.	Wasser: Wischer oder Lappen halten Staub fest, welchen Schmutz auf und beseitigen ihn.	Chemische Zusätze: Z.B. Spülmittel löst auch fetthaltigen Schmutz und hält ihn fest.	Mechanische Mittel: lösen den Schmutz durch Reiben, Scheuern oder Schleifen.	Mechanische + chemische Mittel lösen neben der Reibung den Schmutz durch chemische Zusätze.
Vorteil: sparsames Verfahren; es werden weder Wasser noch Putzmittel verbraucht.	Positiv ist die staubfreie Reinigung. Auch klebender Schmutz wird entfernt.	Vorteil: es ist wenig Kraftaufwand erforderlich, da chemische Stoffe wirksam werden.	Positiv ist, dass sich der Schmutz (teilweise mit Kraftaufwand) gut entfernen lässt.	Positiv ist, dass sich der Schmutz sehr leicht entfernen lässt.
Nachteil: Es wird Staub aufgewirbelt und klebender Schmutz nicht entfernt.	Nachteil: fetthaltiger Schmutz wird nicht gelöst; es ist viel Kraft erforderlich.	Nachteil: chemische Zusätze gelangen ins Abwasser, schaden der Umwelt und kosten Geld.	Nachteil: Oberflächen werden zerkratzt; keine empfindlichen Materialien so reinigen.	Nachteil: empfindliche Materialien können beschädigt werden; Zusätze schaden der Umwelt.
Die Umwelt wird nicht belastet.	Die Umwelt wird gering durch den Wasserverbrauch belastet.	Auf Grund der Umweltbelastung bitte sehr sparsam verwenden.	Scheuerpulver ist umweltfreundlicher als Scheuermilch. Sparsam verwenden (Umwelt).	Auf Grund der Umweltbelastung bitte sehr sparsam verwenden.
Böden, (Arbeits-) Flächen, Gegenstände etc. werden von grobem Schmutz gereinigt.	Böden, (Arbeits-) Flächen, Gegenstände etc. werden staubfrei gereinigt.	Glas, Porzellan, Kunststoff, Aluminium und Edelstahl mit chemischen Zusätzen reinigen.	Topfschwamm + Stahlwolle → Töpfe; Scheuerpulver → Waschbecken. Achtung bei empfindlichen Sachen.	Glas, Porzellan, Edelstahl werden mit verseifter Stahlwolle oder Scheuermilch gereinigt.

Kennst du dich im Putzschrank aus? (3/4)

Wer kocht, muss auch putzen!

Puzzle (Rückseite)

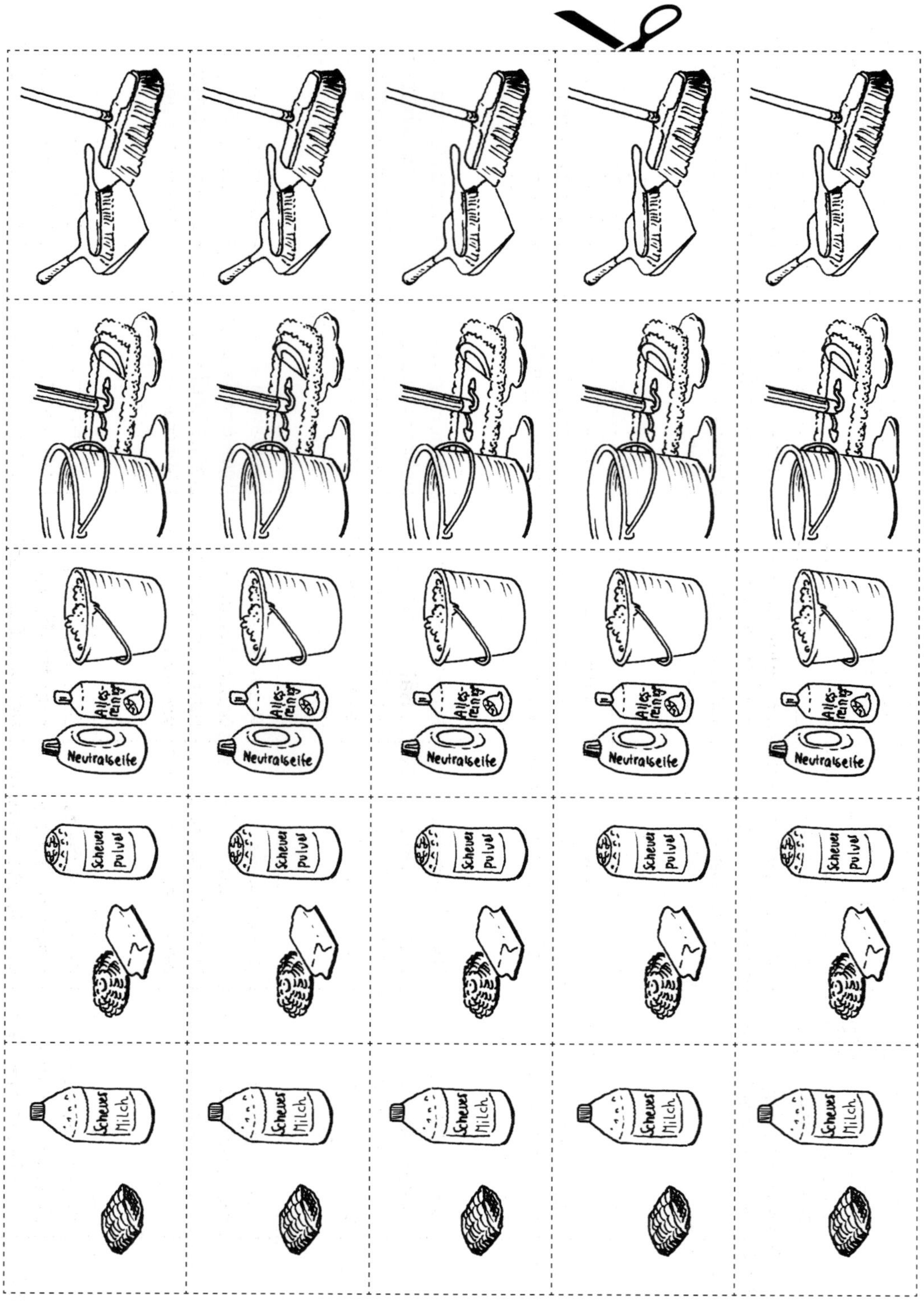

Kennst du dich im Putzschrank aus? (4/4)

Wer kocht, muss auch putzen!

Informationsblatt

	Trockene Reiniger 	Nasse Reiniger 	Reiniger mit chemischen Zusätzen 	mechanische Reiniger 	kombiniert wirkende Reiniger 
Art und Wirkung der Reinigung	Trocken: Besen oder Tuch beseitigen lockere Schmutzteile.	Wasser: Wischer oder Lappen halten Staub fest, weichen Schmutz auf und beseitigen ihn.	Chemische Zusätze: Z.B. Spülmittel löst auch fetthaltigen Schmutz und hält ihn fest.	Mechanische Mittel: lösen den Schmutz durch Reiben, Scheuern oder Schleifen.	Mechanische + chemische Mittel lösen neben der Reibung den Schmutz durch chemische Zusätze.
Vorteile	Vorteil: sparsames Verfahren; es werden weder Wasser noch Putzmittel verbraucht.	Positiv ist die staubfreie Reinigung. Auch klebender Schmutz wird entfernt.	Vorteil: es ist wenig Kraftaufwand erforderlich, da chemische Stoffe wirksam werden.	Positiv ist, dass sich der Schmutz (teilweise mit Kraftaufwand) gut entfernen lässt.	Positiv ist, dass sich der Schmutz sehr leicht entfernen lässt.
Nachteile	Nachteil: Es wird Staub aufgewirbelt und klebender Schmutz nicht entfernt.	Nachteil: fetthaltiger Schmutz wird nicht gelöst; es ist viel Kraft erforderlich.	Nachteil: chemische Zusätze gelangen ins Abwasser, schaden der Umwelt und kosten Geld.	Nachteil: Oberflächen werden zerkratzt; keine empfindlichen Materialien so reinigen.	Nachteil: empfindliche Materialien können beschädigt werden; Zusätze schaden der Umwelt.
Umwelt	Die Umwelt wird nicht belastet.	Die Umwelt wird gering durch den Wasserverbrauch belastet.	Auf Grund der Umweltbelastung bitte sehr sparsam verwenden.	Scheuerpulver ist umweltfreundlicher als Scheuermilch. Sparsam verwenden (Umwelt).	Auf Grund der Umweltbelastung bitte sehr sparsam verwenden.
Anwendungsbeispiele	Böden, (Arbeits-) Flächen, Gegenstände etc. werden von grobem Schmutz gereinigt.	Böden, (Arbeits-) Flächen, Gegenstände etc. werden staubfrei gereinigt.	Glas, Porzellan, Kunststoff, Aluminium und Edelstahl mit chemischen Zusätzen reinigen.	Topfschwamm + Stahlwolle → Töpfe; Scheuerpulver → Waschbecken. Achtung bei empfindlichen Sachen.	Glas, Porzellan, Edelstahl werden mit verseifter Stahlwolle oder Scheuermilch gereinigt.

Welche Reinigungsmittel wählst du? (1/2)

Wer kocht, muss auch putzen!

Der Ökoputzschrank

Wer hätte das von euch gedacht? Viele chemische Spezialreinigungsmittel (Wannenspray, Glasreiniger, WC-Reiniger etc.) im Haushalt sind überflüssig, teuer und belasten durch ihre aggressiven Wirkstoffe die Umwelt. Für eine umweltfreundliche und hygienische Reinigung braucht ihr nur ganz wenige Putzmittel. Und ganz nebenbei spart ihr eine ganze Menge Geld, wenn ihr auf die chemischen Reiniger verzichtet. In den „Ökoputzschrank" gehören Geschirrspülmittel und Allzweckreiniger oder Schmierseife. Damit können alle Oberflächen in der Küche, im Badezimmer und WC gereinigt werden. Auch alle wischbaren Böden werden mit diesen Produkten sauber. Scheuermittel als Pulver oder Milch entfernen gröbere und hartnäckige Verschmutzungen auf unempfindlichen Flächen. Zitronensäure und Essig entfernen Kalkablagerungen. Verwendet Essig nur verdünnt, da er sehr aggressiv ist! Auch Spiritus ist im Ökoputzschrank zu finden. Er ist zum streifenfreien Reinigen von Fenstern, Fliesen, Glas- und Spiegelflächen geeignet.

1. Zähle die Reinigungsmittel auf, die in der Schulküche vorhanden sind. Sortiere sie nach eher umweltfreundlichen und weniger umweltfreundlichen Putzmitteln.

Pro-Umwelt:	Kontra-Umwelt:
• ______________	• ______________
• ______________	• ______________
• ______________	• ______________

2. Warum stimmt folgende Aussage: „Muskelkraft schont beim Putzen die Umwelt!"

____

____

____

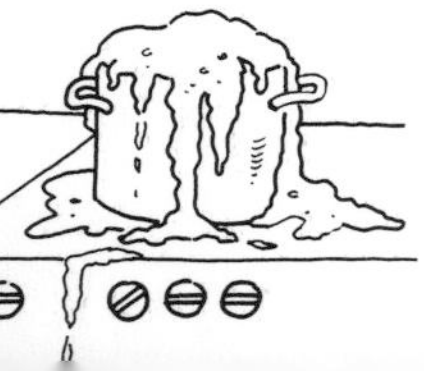

Welche Reinigungsmittel wählst du? (2/2)

Wer kocht, muss auch putzen!

3. In eurer Kochkoje stapeln sich eine Kunststoffschüssel, eine Auflaufform (Glas), eine Reibe (Edelstahl) und ein Kochtopf (mit angebrannten Speiseresten). Wie reinigst du sie gleichzeitig gründlich, materialschonend und umweltfreundlich? Kreuze an.

	Glasreiniger	Essigreiniger	Scheuermilch	Wannenspray	Spülmittel	Schmierseife	verseifte Stahlwolle	Stahlwolle	Topfschwamm	Spülbürste	Lappen
Kunststoffschüssel											
Auflaufform											
Reibe											
Kochtopf											

4. Viele „Spezialreinigungsmittel" können durch ungefährlichere und umweltfreundlichere Putzmittel ersetzt werden. Verbinde jeweils ein Anwendungsbeispiel mit einem Reinigungsmittel aus dem „Ökoputzschrank".

Anwendungsbeispiel	**Reinigungsmittel**
Waschbecken und Badewanne ❍	❍ Spülmittel, Neutralreiniger oder Schmierseife
Fenster ❍	❍ Spülmittel, Schmierseife, Spiritus, Essigreiniger
Fußboden ❍	❍ Scheuerpulver und Schmierseife
verstopfte Abflüsse ❍	❍ Saugglocke
Fliesen ❍	❍ Essigreiniger
Kalkränder (Küche und Bad) ❍	❍ Essigreiniger, WC-Bürste
Toilette ❍	❍ Spülmittel, Spiritus

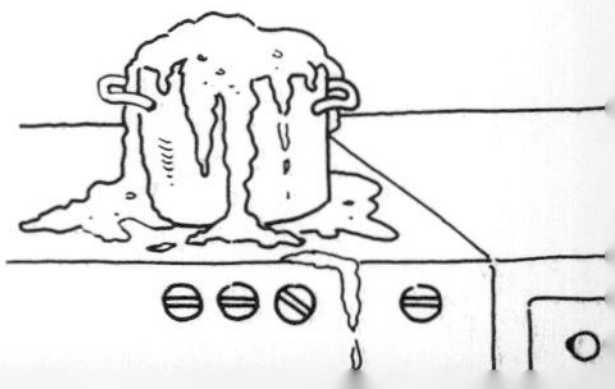

Bunter Nudelauflauf

Rezept-Idee

Zutaten (für 4 Personen)

250 g Nudeln
1½ Liter Wasser
1 Teelöffel Salz
etwas Margarine oder Butter
100 g gekochter Schinken
4 Tomaten
1 kleine Dose Erbsen
3 Eier
¼ Liter Sahne
etwas Salz
1 Prise Muskat
100 g geriebener Käse
30 g Butterflöckchen

Zubereitung

1. Die Nudeln mit Wasser und Salz nach Packungsangabe garen, in einem Sieb abgießen und kurz lauwarmes Wasser darüberlaufen lassen.
2. Mit der Margarine oder Butter eine Auflaufform fetten.
3. Den Schinken in Würfel schneiden. Die Tomaten waschen und in Scheiben schneiden.
4. Die Erbsen abtropfen lassen. Nudeln, Schinken, Tomaten und Erbsen in der angegebenen Reihenfolge in der Auflaufform übereinanderschichten.
5. Die Eier mit der Sahne und den Gewürzen verquirlen und über den Auflauf geben.
6. Abschließend den Käse und die Butterflöckchen über den Auflauf geben.
7. Bei 200 °C etwa 20–30 Minuten backen.

Tipp: Zerkleinerte Kräuter, z.B. Petersilie und Schnittlauch, dazugeben.

Guten Appetit

© smart wizard/pixelio.de

Bist du ein Küchenprofi?

Kapitel 13

Zeitbedarf

2 Unterrichtsstunden

Lernziele

- Die Schüler überprüfen ihr erweitertes Wissen im Fach Hauswirtschaft durch eine schriftliche Lernzielkontrolle.
- Während der Nahrungszubereitung werden verschiedene gelernte Grundtechniken wiederholend geübt.

Kopiervorlagen:

- Küchenprofi? – Teste dein Wissen! (S. 122)
- Urkunde: Profibescheinigung (S. 127)
- Rezept-Idee: Gegrillte Fischspieße (S. 128)

Hinweise

In dieser Lerneinheit können die Schüler ihr bisheriges Wissen überprüfen. Kopieren Sie dazu das Arbeitsblatt **„Küchenprofi? – Teste dein Wissen!"**, das Sie als Leistungskontrolle einsetzen können. Inhaltlich ist die Leistungskontrolle so aufgebaut, dass alle Kapitel des Hauswirtschaftskurses mit einer Aufgabe berücksichtigt sind.

Die Schüler bearbeiten die Leistungskontrolle in Einzelarbeit. Der Titel **„Küchenprofi? – Teste dein Wissen!"** und die Möglichkeit, diesen Beweis durch Bestehen eines Testes zu erbringen, wirkt sich motivierend auf die Schüler aus. Verleihen Sie den Schülern nach dem erfolgreichen Bestehen des Testes nun die **„Profibescheinigung"**. Dazu kopieren Sie die Urkunde **„Profibescheinigung"**, die Sie nach Ihrem eigenen Bewertungsschlüssel ausfüllen können, unterschreiben sie und überreichen sie den Schülern.

Nahrungszubereitung

Die Schüler bereiten „Gegrillte Fischspieße" zu. Dabei werden verschiedene Grundtechniken wiederholend eingeübt, z.B.:

- Einrichtung des Arbeitsplatzes
- sachgerechte Bedienung des Backofens
- Pflege- und Reinigung der Schulküche
- Mülltrennung

Küchenprofi? – Teste dein Wissen! (1/5)

Bist du ein Küchenprofi?

Name: ________________ Klasse: _________ Datum: _________________

1. Richte deinen Arbeitsplatz ein, indem du die Abbildung beschriftest. Die folgenden Begriffe helfen dir dabei:

äußerer Greifraum • Abfallschüssel • Teller mit (gewaschenem) Gemüse • Schneidbrett • Teller für geschnittenes Gemüse • innerer Greifraum

Ich bin … ☐ Rechtshänder ☐ Linkshänder

1. ______________________________
2. ______________________________
3. ______________________________
4. ______________________________
5. ______________________________
6. ______________________________

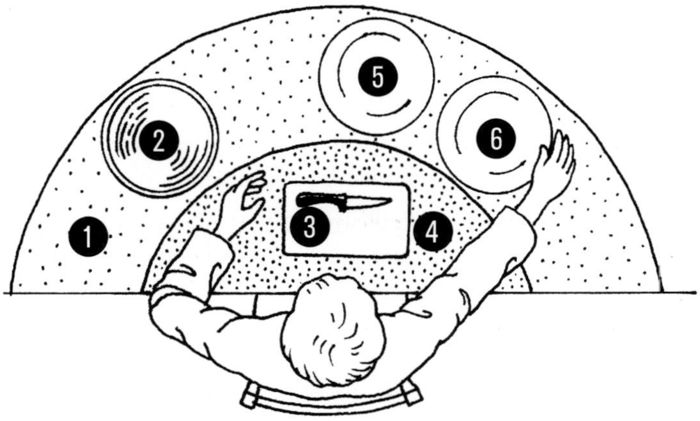

1. ______________________________
2. ______________________________
3. ______________________________
4. ______________________________
5. ______________________________
6. ______________________________

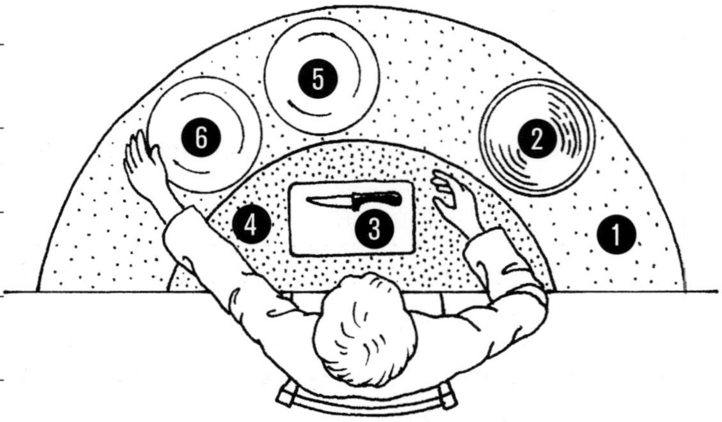

© Verlag an der Ruhr • Postfach 10 22 51 • 45422 Mülheim an der Ruhr • www.verlagruhr.de • ISBN 978-3-8346-0451-4

Küchenprofi? – Teste dein Wissen! (2/5)

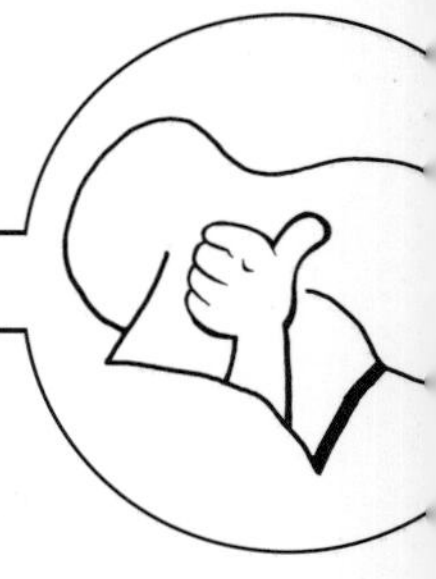

Bist du ein Küchenprofi?

2. Welche Angaben sind bei der Lebensmittelkennzeichnung Pflicht?

- ☐ Preis
- ☐ Rezepte
- ☐ Mindesthaltbarkeitsdatum
- ☐ Strichcode
- ☐ Verkehrsbezeichnung (genaue Bezeichnung des Produktes)
- ☐ Zwischenhändler
- ☐ Herstellername
- ☐ genaue Nährstoffangaben
- ☐ namentliche Kennzeichnung von Zusatzstoffen
- ☐ Zutatenliste
- ☐ Mengenangabe

3. a) Welche Lebensmittelgruppen sollten wir bevorzugt aus dem Ernährungskreis auswählen?

____

____

b) Welche Lebensmittelgruppen sollten wir eher meiden?

____

____

4. Nenne mindestens vier Möglichkeiten, wie die Vitamine und Mineralstoffe im Gemüse „gerettet" werden können.

____

____

5. Welche Aussagen sind richtig, welche sind falsch? Kreuze an.

Aussagen über Eiweiß	**richtig**	**falsch**
a) Kinder und Jugendliche brauchen mehr Eiweiß als Erwachsene.		
b) Nimmt man zu wenig Eiweiß zu sich, kommt es zum Muskelabbau.		
c) Eiweißmangel kommt in Industrieländern häufig vor.		
d) Unser Körper braucht ständig die Zufuhr von Eiweiß.		

6. Beschrifte die Teile des elektrischen Handrührgerätes mit den richtigen Begriffen.

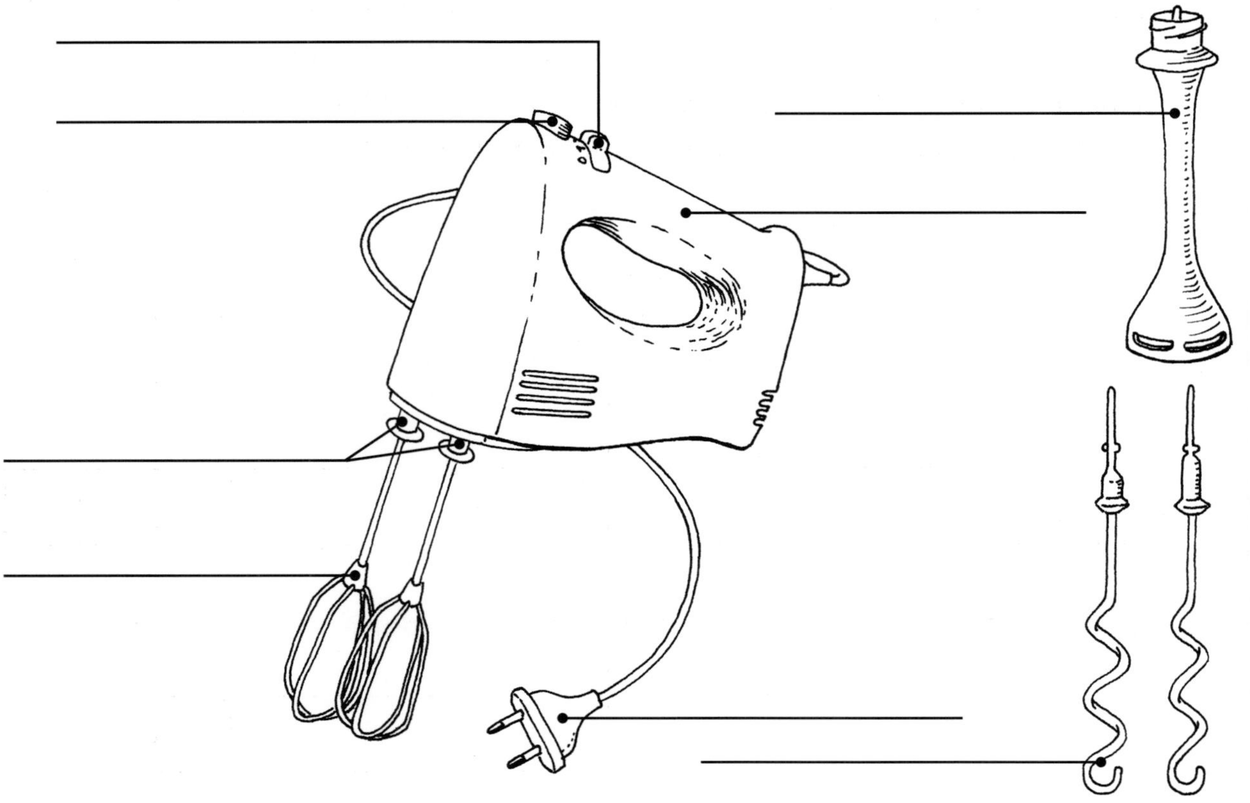

7. Löse das Kreuzworträtsel zu den verschiedenen Gartechniken, und ermittle das Lösungswort.

a) Garen und Bräunen bei hohen Temperaturen mit oder ohne Fett durch Strahlungswärme.

b) Garen und Bräunen in heißer Luft im Backofen bei 150–225 °C.

c) Garen durch Kochen, Dünsten, Dämpfen oder Schmoren in einem dicht verschlossenen Gefäß mit Überdruck und ca. 100–120 °C.

d) Garen in sehr wenig Flüssigkeit oder im eigenen Saft bei 80–100 °C im geschlossenen Topf.

e) Garen in strömendem Wasserdampf bei 80–100 °C mit Locheinsatz im geschlossenen Topf.

Küchenprofi? – Teste dein Wissen! (4/5)

Bist du ein Küchenprofi?

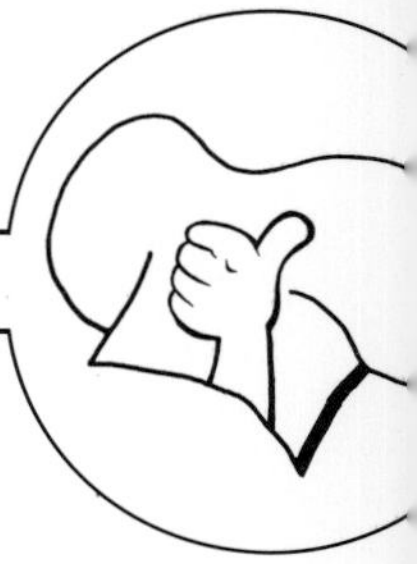

f) Garen durch Anbraten in heißem Fett bei etwa 200 °C im offenen Topf und Weitergaren unter Zugabe von heißer Flüssigkeit bei 80–100 °C im geschlossenen Topf.

g) Garen in viel siedender Flüssigkeit bei 100 °C im geschlossenen Topf.

h) Garen und Bräunen schwimmend in heißem Fett bei 170–200 °C.

i) Garen und Bräunen mit wenig Fett auf der Kochstelle bei 140–200 °C.

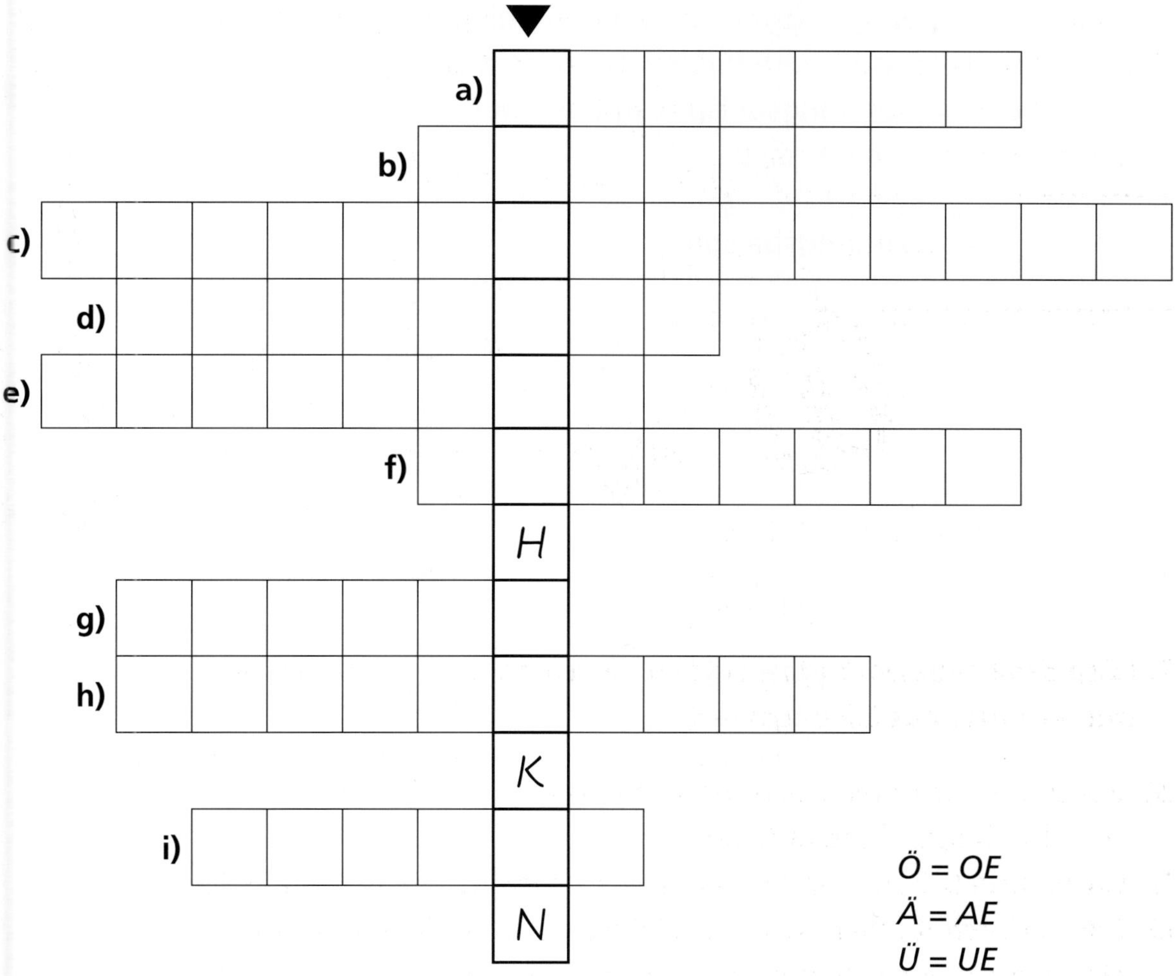

Ö = OE
Ä = AE
Ü = UE

Lösungswort: ____________________

Küchenprofi? – Teste dein Wissen! (5/5)

Bist du ein Küchenprofi?

8. Wie entsorgst du möglichst umweltfreundlich …

a) eine Glasflasche: ______________________________

b) eine Chipstüte: ______________________________

c) eine Glühbirne: ______________________________

d) eine Jeans: ______________________________

9. Viele „Spezialreinigungsmittel" können durch ungefährlichere und umweltfreundlichere Putzmittel ersetzt werden. Verbinde jeweils ein Anwendungsbeispiel mit einem Reinigungsmittel aus dem „Ökoputzschrank".

Anwendungsbeispiel	Reinigungsmittel
Waschbecken und Badewanne ❍	❍ Spülmittel, Neutralreiniger oder Schmierseife
Fenster ❍	❍ Spülmittel, Schmierseife, Spiritus, Essigreiniger
Fußboden ❍	❍ Scheuerpulver und Schmierseife
verstopfte Abflüsse ❍	❍ Saugglocke
Fliesen ❍	❍ Essigreiniger
Kalkränder (Küche und Bad) ❍	❍ Essigreiniger, WC-Bürste
Toilette ❍	❍ Spülmittel, Spiritus

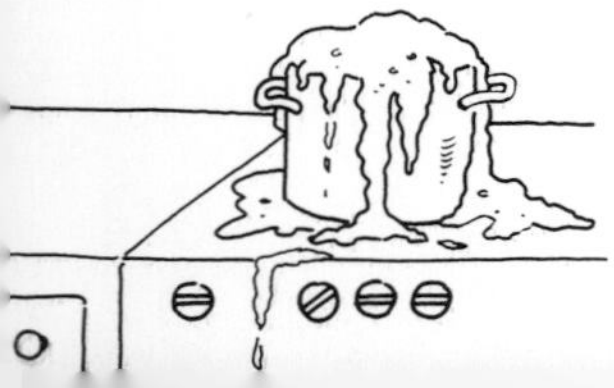

Profibescheinigung

- ☐ Herzlichen Glückwunsch! Dir macht in der Küche keiner was vor! Du bist wirklich ein Küchenprofi!

- ☐ Herzlichen Glückwunsch!
Du bist ein ziemlich guter Küchenprofi!

- ☐ Herzlichen Glückwunsch!
Du hast bewiesen, dass du meistens wie ein Profi arbeiten kannst!

- ☐ Herzlichen Glückwunsch!
Du hast bewiesen, dass du teilweise wie ein Profi arbeiten kannst!

- ☐ Du bist leider (noch) kein Profi in der Küche!
Übe noch einmal mit deiner Mappe!

Schulstempel

Datum und Unterschrift des Fachlehrers:

Gegrillte Fischspieße

Rezept-Idee

© A.P./photocase.com

Zutaten (für 4 Personen)

4 Stücke Fischfilet (z.B. Rotbarsch)
1 kleine Zucchini
8 Cocktailtomaten
1 gelbe Paprika
8 Holzspieße
2 Esslöffel Zitronensaft
3 Esslöffel Öl
Salz
1 Prise Pfeffer

Zubereitung

1. Den Fisch unter fließendem Wasser kurz kalt abspülen und trockentupfen. Die Filets in ca. 3 cm große Würfel schneiden. (Wenn die Filets sehr dünn sind, doppelte Größe zuschneiden und übereinanderklappen).

2. Die Zucchini waschen und in ca. 1 cm dicke Scheiben schneiden. Die Tomaten waschen und halbieren. Die Paprika ebenfalls waschen, das Innere entfernen und in ca. 3 cm große Stücke schneiden.

3. Den Fisch und das Gemüse abwechselnd auf die Spieße stecken und auf einen Teller legen.

4. Zitronensaft, Öl, Salz und Pfeffer zu einer Soße verrühren. Die Spieße mit dieser Soße bestreichen und ca. 10–15 Minuten im Kühlschrank marinieren.

5. Nun den Backofengrill vorheizen und die Spieße auf ein mit Backpapier ausgelegtes Backblech oder einen Rost legen. Die Spieße ca. 10 Minuten grillen, dabei einmal wenden.

Tipp: Als Beilage passt frisches Baguette!

Guten Appetit

Kapitel 1

Arbeitsorganisation in der Schulküche (S. 10–12)

1. Was nehme ich bloß?/Alle Arbeitsgeräte (sind) auf der gesamten Arbeitsfläche und in der Spüle verteilt!/Warum hilft mir denn niemand?/(Die Möhre liegt) zwischen dem Bioabfall, leerer Quarkverpackung und benutzten Arbeitsgeräten.
2. Immer nur mit einem Probierlöffel abschmecken./Arbeitsteller (Löffelteller) und Zutatenteller bereitstellen und benutzen./Benutztes Geschirr rechts neben der Spüle ordnen./Wir helfen uns gegenseitig, auch wenn wir unser „Amt" erledigt haben./Abfallschüssel bereitstellen, Abfall trennen und sofort entsorgen.
4. Abb. 1 beschriftet der Linkshänder, Abb. 2 beschriftet der Rechtshänder.
   ❶ äußerer Greifraum, ❷ Abfallschüssel, ❸ Schneidbrett, ❹ innerer Greifraum, ❺ Teller für geschnittenes Gemüse, ❻ Teller mit (gewaschenem) Gemüse.

Kapitel 2

Etikett – Visitenkarte der Verpackung (S. 16/17)

1. Mindesthaltbarkeitsdatum, Strichcode, Verkehrsbezeichnung, Herstellername, Zutatenliste, Mengenangabe
2. **a)** Mengenangabe, **b)** Strichcode, **c)** Herstellername, **d)** Verkehrsbezeichnung, **e)** Mindesthaltbarkeitsdatum, **f)** Zutatenliste
3. Einige Hersteller machen freiwillig Angaben zu Energie- und Nährstoffangaben, schlagen Rezepte vor oder werben mit Vitaminen oder Mineralstoffen.
4. Beide Antworten sind möglich. Durch die gesetzlich vorgeschriebenen Informationen auf den Verpackungen kann der Verbraucher vor Betrug und Gesundheitsschäden geschützt werden. Auch Preis- und Qualitätsvergleiche sind so möglich. Für einen wirklichen Schutz wäre aber z.B. die namentliche Kennzeichnung von Zusatzstoffen wünschenswert, die nicht gesetzlich vorgeschrieben ist.

Kapitel 3

Der Ernährungskreis (DGE), (S. 21)

Lösung siehe Abbildung S. 23 (Arbeitsblatt „Lebensmittelgruppen-Zuordnung").

Welche Lebensmittel wählst du aus? (S. 25)

1. Lösung siehe Abbildung S. 23 (Arbeitsblatt „Lebensmittelgruppen-Zuordnung").
2. Man sollte bevorzugt Getreideprodukte, Getreide und Kartoffeln sowie Gemüse und Salat essen. Das Trinken darf nicht vergessen werden (ca. 1,5 Liter am Tag). Aber auch Obst und (magere) Milchprodukte sollte man auswählen.
3. Weniger häufig sollte man Fleisch und Wurst sowie Fette essen.
4. Beachten wir diese Empfehlungen nicht, können wir Gewichtsprobleme und Mangelerscheinungen bekommen und krank werden.

Kapitel 4

Mehr Bock auf Frisches! (S. 28/29)

1. **a)** Gemüse
   b) Kartoffeln, Möhren, Kohlrabi, Blumenkohl, Zucchini, Spinat, Salatgurken …
   c) Vitamine und Mineralstoffe, 70 % Wasser, viele Ballaststoffe, wenig Energie
   d) macht gut satt, ist gut verdaulich, in der Saison sehr preiswert, nicht lange lagerfähig
2. Paprikaschote, Tomate, Zwiebel, Knoblauch
3. Antwort je nach Jahreszeit; bzw. Champignons, Kartoffeln, Knoblauch, Salatgurken und Zwiebeln können immer genannt werden.
4. **Vitamin A:** Tomaten, Karotten und Spinat ➡ wichtig für Augen, Haut und Haare; **Vitamin B:** Kartoffeln, Brokkoli und Grünkohl ➡ wichtig für Nerven und Appetit; **Vitamin C:** Zwiebeln, Paprika und Rosenkohl ➡ wehrt Krankheiten/Infektionen ab; **Vitamin D:** Pilze ➡ wichtig für Knochenbau und Zähne; **Vitamin K:** Zucchini, Grün- und Blumenkohl ➡ wichtig für Blutgerinnung und Knochenbildung; **Kalium:** Kartoffeln und Kohlrabi ➡ wichtig für Herz und Kreislauf; **Kalzium:** Spinat ➡ wichtig für Knochenbau und Zähne; **Magnesium:** Spinat ➡ wichtig für Knochenbau und Zähne, auch für Nerven und Muskeln bedeutsam; **Eisen:** Kartoffeln, Knoblauch ➡ wichtig für Aufbau des Blutes
5. Gemüse nicht warm halten, sondern wieder aufwärmen/Gemüse möglichst unzerkleinert waschen/Gemüse mit der Schale garen/Gemüse sparsam bzw. dünn schälen/Gemüse nicht „wässern"/Gemüse kühl und dunkel lagern/Gemüse nur kurze Zeit lagern.

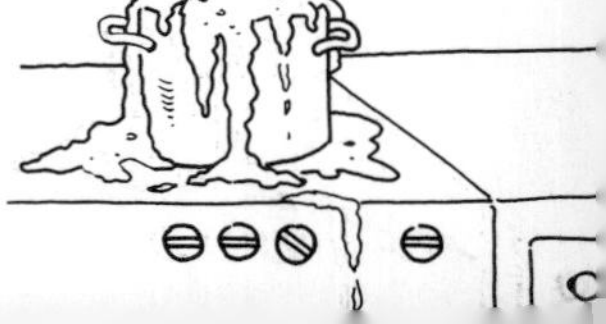

Lösungen

Kapitel 5

Eiweiß – kennst du dich aus?, (S. 39–41)

A ➡ 99, B ➡ 18, C ➡ 88, D ➡ 59, E ➡ 25, F ➡ 16, G ➡ 80, H ➡ 31, I ➡ 40, J ➡ 23, K ➡ 93, L ➡ 69, M ➡ 54, N ➡ 12, O ➡ 47, P ➡ 37, Q ➡ 72

Lösungswort: Protein

Kapitel 6

Wie bediene ich das Handrührgerät? (S. 44/45)
richtige Reihenfolge: 7, 3, 8, 4, 5, 6, 2, 1.

Wissenstest: Das Handrührgerät (S. 46/47)

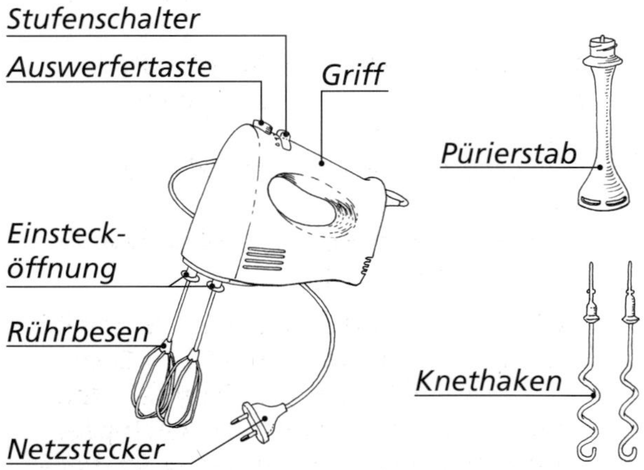

2. Rührbesen ⬅ **Zum Aufschlagen lockerer Speisen und Teige** ➡ Rührteig, Sahne schlagen
   Pürierstab ⬅ **Zum sämigen Zerkleinern von Lebensmitteln** ➡ Suppen, z.B. Kartoffelsuppe
   Knethaken ⬅ **Zum Verkneten festerer Teige** ➡ Schwere Teige, z.B. Hefeteig
3. richtige Reihenfolge: Farbe und Markierung – „Klicken" – betriebsbereit – Netzstecker – Stufenschalter – Speise – Arbeitsgeräte – Kurzzeitbetrieb – Motorschaden – ausgeschaltet – Auswerfertaste – feuchten Lappen.

Kapitel 7

Backen macht Spaß (S. 52–54)

1. Backen ist ein ... Garen und Bräunen in heißer Luft im Backofen bei 150 bis 225 °C. Die Nährstoffverluste sind bei dieser Gartechnik ... mittel/hoch.
   Anwendungsbeispiele: Kleingebäck, Aufläufe, Kuchen.
2. **a)** Kastenkuchenform, **b)** Tortenbodenform, **c)** Papierbackförmchen, **d)** Springform mit Ring, **e)** Muffinbackblech, **f)** Springform mit Boden, **g)** Backblech, **h)** Napfkuchenform
4. **Versuch mit Backpulver:** Man beobachtet, dass aus dem warmen Wasser Bläschen aufsteigen. Es sprudelt.
   Erklärung: In dem warmen Wasser bildet sich ein Gas – das Kohlendioxid. Es entsteht auch im Backofen.
   Versuch mit Hefe: Man beobachtet, dass die Flüssigkeit in der Flasche zu schäumen beginnt. Es bilden sich immer mehr Bläschen. Der Ballon bläst sich auf.
   Erklärung: Die Hefe in der Flasche „ernährt" sich von dem Zucker und dem Mehl. Dabei produziert die Hefe das Gas Kohlendioxid, und die Flüssigkeit beginnt zu schäumen. Die Bläschen steigen in der Flasche auf und blasen so den Ballon auf.
5. Durch Backtriebmittel bilden sich Gasblasen. Sie bewirken, dass der Kuchen schön locker wird.

Kapitel 8

Die Gartechnik Braten sicher anwenden (S. 75–77)

1. richtige Reihenfolge: wenig Fett – 140 bis 200 °C – Deckel – gebräunt – eiweiß- und wasserfrei – hohen Rauchpunkt – Unfallgefahr – Pfannen- oder Topfdeckel – Wasser.
2. **a)** Teflonpfanne ➡ Pfannkuchen oder Fisch (brennen in anderen Pfannen schnell an),
   b) Aluminiumpfanne ➡ knuspriger Fisch und knuspriges Fleisch,
   c) Stahlpfanne ➡ alle Speisen und feine Soßen,
   d) Gusseisenpfanne ➡ Frittata oder Steaks
3. Pflanzenöl ist flüssig und zum Braten gut geeignet./Butter ist weich und zum Braten eher nicht geeignet./Olivenöl ist flüssig und zum Braten überhaupt nicht geeignet./Palmkernfett ist fest und zum Braten gut geeignet.

Kapitel 9

Der Dampfdrucktopf (S. 81)

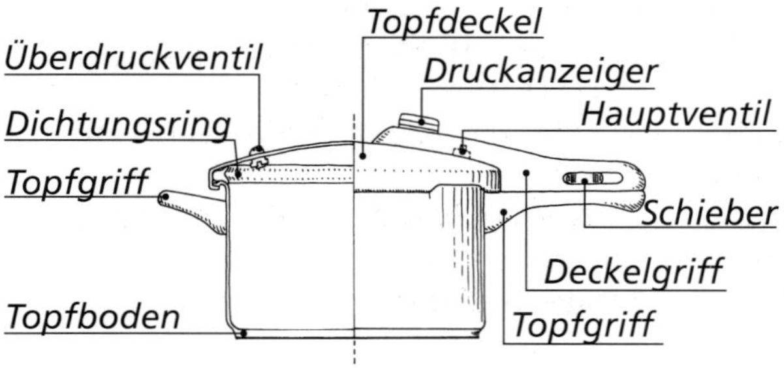

Druckanzeige und Garzeiten (S. 83)

Geflügelbrühe ➡ Stufe 2 ➡ 45 Min. (Dampf) ➡ 135 Min. (Topf)
Gefüllte Paprikaschoten ➡ Stufe 2 ➡ 16 Min. (Dampf) ➡ 48 Min. (Topf)
Ganze Fische ➡ Stufe 1 ➡ 7 Min. (Dampf) ➡ 21 Min. (Topf)
Grünkohl ➡ Stufe 2 ➡ 23 Min. (Dampf) ➡ 69 Min. (Topf)
Zucchini ➡ Stufe 2 ➡ 4 Min. (Dampf) ➡ 12 Min. (Topf)
Kompott ➡ Stufe 1 ➡ 2–3 Min (Dampf) ➡ 6–9 Min. (Topf)

Öffnen des Dampfdrucktopfes (S. 84)

richtige Reihenfolge: 1 ➡ f, 2 ➡ a, 3 ➡ c, 4 ➡ b, 5 ➡ e, 6 ➡ d

Kennst du den Dampfdrucktopf? (S. 85/86)

1. Grundsätzlich gilt: Die Garzeit ist im Dampfdrucktopf auf **ein Drittel** verkürzt.
2. siehe Lösung zu S. 81
3. richtige Reihenfolge: 1 ➡ f, 2 ➡ b, 3 ➡ e, 4 ➡ a, 5 ➡ c, 6 ➡ d

Kapitel 10

Gartechniken: Wer weiß Bescheid? (S. 101/102)

1. Kochen: Wie ➡ 9Z, Was ➡ 6N
   Dünsten: Wie ➡ 11B, Was ➡ 15I
   Dämpfen: Wie ➡ 19G, Was ➡ N1
   Quellen: Wie ➡ 12E, Was ➡ 20!
   Braten: Wie ➡ 7G, Was ➡ 3H
   Schmoren: Wie ➡ 2A, Was ➡ 18N
   Dampfdruckgaren: Wie ➡ 16T, Was ➡ 13R
   Backen: Wie ➡ 14E, Was ➡ 8S
   Grillen: Wie ➡ 17U, Was ➡ 4R
   Frittieren: Wie ➡ 5U, Was ➡ 10U
   Lösungswort: Nahrungszubereitung!

Kapitel 11

Weg mit dem Müll! (S. 111)

Altpapiertonne oder Altpapiercontainer: Zeitung, Postkarte, Eierkarton
Glascontainer: Marmeladenglas
Biomülltonne: Bananenschale, Teebeutel
Gelbe Tonne oder gelber Sack: Chipstüte, Blechdose, Milchtüte, Spüliflasche
Altkleidercontainer oder Altkleidersammlung: Pullover, Jeans
Sondermülltonne (Wertstoffhof): Batterien, Farbreste, Lackreste
Restmülltonne: Glühbirne, Keramik

Kapitel 12

Welche Reinigungsmittel wählst du aus? (S. 118/119)

2. Die Aussage stimmt, weil mit (mehr) Muskeleinsatz Putzmittel sehr sparsam dosiert werden können. Z. T. wird die Verwendung von Putzmitteln fast oder sogar ganz überflüssig (z.B. Mikrofasertücher). Auf Spezialreinigungsmittel kann bei Muskeleinsatz vollkommen verzichtet werden (z.B. bei Rohrverstopfungen die Saugglocke statt des chemischen Rohrreinigers einsetzen).
3. **Kunststoffschüssel:** Spülmittel, Spülbürste, Lappen
   Auflaufform: Scheuermilch, Spülmittel, verseifte Stahlwolle, Topfschwamm, Spülbürste, Lappen
   Reibe: Scheuermilch, Spülmittel, Topfschwamm, Spülbürste
   Kochtopf: Spülmittel, Stahlwolle, Topfschwamm, Spülbürste
4. Waschbecken und Badewanne ➡ Scheuerpulver und Schmierseife; Fenster ➡ Spülmittel, Spiritus; Fußboden ➡ Spülmittel, Neutralreiniger oder Schmierseife; verstopfte Abflüsse ➡ Saugglocke; Fliesen ➡ Spülmittel, Schmierseife, Spiritus, Essigreiniger; Kalkränder (Küche und Bad) ➡ Essigreiniger; Toilette ➡ Essigreiniger, WC-Bürste

Kapitel 13

Küchenprofi? – Teste dein Wissen! (S. 122–126)

1. siehe Lösung zu S. 12
2. siehe Lösung zu Aufgabe 1 auf S. 16/17
3. **a)** siehe Lösung zu Aufgabe 2 auf S. 25
   b) siehe Lösung zu Aufgabe 3 auf S. 25
4. siehe Lösung zu Aufgabe 5 auf S. 29
5. **a)** richtig, **b)** richtig, **c)** falsch, **d)** richtig
6. Siehe Lösung zu Aufgabe 1 auf S. 46
7. **a)** GRILLEN, **b)** BACKEN, **c)** DAMPFDRUCKGAREN, **d)** DUENSTEN, **e)** DAEMPFEN, **f)** SCHMOREN, **g)** KOCHEN, **h)** FRITTIEREN, **i)** BRATEN
   Lösungswort: Gartechniken
8. **a)** Altglascontainer
   b) gelben Sack oder die gelbe Tonne
   c) Restmülltonne
   d) Altkleidersamlung
9. Siehe Lösung zu Aufgabe 4 auf S. 119

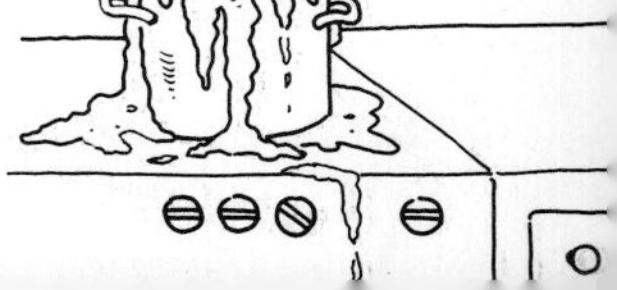

Literatur- und Internettipps

Literaturtipps

Dickhaut, Sebastian/Schinharl, Cornelia:
Basic Baking.
Alles, was man braucht, um einfach gut zu backen.
München, 2008.
ISBN 978-3-7742-1642-6

Marquard, Stefan:
Los, koch mit uns!
Locker & gesund. Kinderleichte Kochrezepte von Stefan und der Küchenbande.
Stuttgart, 2005.
ISBN 978-3-936-68249-6

Oliver, Jamie:
Jamie's kitchen.
Neue geniale Rezepte vom Naked Chef.
München, 2005.
ISBN 978-3-8310-0803-2

Richter, Rita:
Kreativ kochen lernen.
Haan-Gruiten, 2007.
ISBN 978-3-8085-6685-5

Rosentreter, Stephanie:
Arbeitsblätter Grundwissen Hauswirtschaft.
Mülheim an der Ruhr, 2007.
ISBN 978-3-8346-0235-0

Schlote, Christine:
Lernwerkstatt.
Grundlagen unserer Ernährung.
Kerpen, 2007.
ISBN 978-3-86632-747-4

Walter, Susanne/Rach, Christian:
Das Kochgesetzbuch.
Die Grundregeln erfolgreichen Kochens.
Hamburg, 2008.
ISBN 978-3-8680-3290-1

** Die in diesem Werk angegebenen Internetadressen haben wir geprüft (Stand Dezember 2008). Da sich Internetadressen und deren Inhalte schnell verändern können, ist nicht auszuschließen, dass unter einer Adresse inzwischen ein ganz anderer Inhalt angeboten wird. Wir können daher für die angegebenen Internetseiten keine Verantwortung übernehmen.*

Internettipps*:

www.cma.de/content/unterrichtsmaterial/unterrichtsmaterial.php
Die Marketing-Gesellschaft der deutschen Agrarwirtschaft (CMA) bietet zu den Themen Landwirtschaft und Ernährung pädagogisch aufbereitetes Material zum günstigen Download an. Dazu gehören Lehrer- und Schülerhefte mit Kopiervorlagen, Folien und Videos. Zudem kann das kostenlose Lehrermagazin „Food, School & Life" über Landwirtschaft, Ernährung und Lebensmittelproduktion bestellt werden.

www.frag-mutti.de
In diesem Online-Nachschlagewerk finden sich wertvolle Tipps und Tricks rund um den Haushalt. Hier erfährt man, wie man Flecken beseitigt und ein schnelles Mittagessen zubereitet.

www.oekolandbau.de
Dieses Informationsportal der Bundesanstalt für Landwirtschaft und Ernährung richtet sich sowohl an Kinder und Jugendliche als auch an Lehrer. Die Unterrichtsideen, bei denen die Schüler ihr eigenes Kultgetränk kreieren oder sich in ein kreatives Kochstudio begeben, stellen Öko-Produkte in den Vordergrund.

www.talking-food.de
Dieses Angebot des Auswertungsdienstes für Ernährung, Landwirtschaft und Forsten (aid e.V.) richtet sich an Kinder, Jugendliche, Eltern und Lehrer. Es informiert über Lebensmittel und gesunde Ernährung. In einem Lehrer-Special finden sich Medientipps, Unterrichtseinheiten und Begleitbroschüren zum Download.

www.vz-nrw.de
Die Verbraucherzentrale Nordrhein-Westfalen informiert im Rahmen des Themas Ernährung über Ernährungsempfehlungen, Lebensmittelhygiene und aktuelle Untersuchungen. Es gibt zusätzlich kostenlose Unterrichtsmaterialien und -vorschläge.

Verlag an der Ruhr

Postfach 10 22 51
45422 Mülheim an der Ruhr

Alexanderstraße 54
45472 Mülheim an der Ruhr

Telefon 02 08/495 04 900
Fax 02 08/495 04 295

bestellung@verlagruhr.de
www.verlagruhr.de

Es gelten die Preise auf unserer Internetseite.

■ Arbeitsblätter Grundwissen Hauswirtschaft

Stephanie Rosentreter

Kl. 5–7, 104 S., A4, Paperback
ISBN 978-3-8346-0235-0
Best.-Nr. 60235
20,50 € (D)/21,10 € (A)/35,90 CHF

■ Ernährung – Bewegung – Gesundheit

Eigene Maßstäbe für deinen Körper finden und umsetzen

W. Dahinden, C. Imhof-Hänecke, J. Laimbacher

(Vertrieb in der Schweiz: Schulverlag blmv, Bern)
10–14 J., 100 S., A4, Paperback (mit vierf. Abb.)
ISBN 978-3-86072-934-2
Best.-Nr. 2934
19,80 € (D)/20,35 € (A)/34,70 CHF

■ So essen sie! Fotoporträts von Familien aus 15 Ländern.

Ein Erkundungsprojekt rund um das Thema Ernährung.

Kl. 4–10, 72 S., A4, Paperback, vierfarbig, 16 vierfarb. Bilder A3
ISBN 978-3-8346-0329-6
Best.-Nr. 60329
29,– € (D)/29,80 € (A)/49,– CHF

Die schönen Blödmacher

■ Was man über Drogen wissen muss

Ein Lese- und Arbeitsbuch für Jugendliche und Erwachsene

Trevor Grice, Tom Scott

14–99 J., 179 S., 16 x 23 cm, Pb. + AB's als Download
ISBN 978-3-8346-0230-5
Best.-Nr. 60230
17,50 € (D)/18,– € (A)/30,70 CHF

■ Klimakatastrophe – Energie sparen!

Infos, Hintergründe, Projektideen

Jonas Lanig, Achim Schneider, Dorothee Tiemann

10–16 J., 120 S., A4, Paperback
ISBN 978-3-8346-0292-3
Best.-Nr. 60292
20,50 € (D)/21,10 € (A)/35,90 CHF

■ Den richtigen Umgang mit Geld lernen

Ein Arbeitsbuch für Schule und Jugendarbeit

Luisa Braungardt

12–19 J., 117 S., A4, Paperback
ISBN 978-3-8346-0330-2
Best.-Nr. 60330
20,50 € (D)/21,10 € (A)/35,90 CHF

■ Portfoliomappe Berufsfindung

Arbeitsmaterialien zur Selbsteinschätzung

Peter H. Ebner, Sabine Fritz

12–21 J., 167 S., A4, Spiralbindung
ISBN 978-3-8346-0409-5
Best.-Nr. 60409
21,50 € (D)/22,10 € (A)/37,70 CHF

■ Portfoliomappe Selbstdisziplin

Rob Kerr

10–16 J., 116 S., A4, Paperback
ISBN 978-3-8346-0341-8
Best.-Nr. 60341
19,50 € (D)/20,– € (A)/34,20 CHF

Besser informiert sein!